D1729916

Tobias Engfer

Machtstrukturen in der Interaktion zwischen Studierenden und ihren Dozenten

Fallrekonstruktionen an der Helmut-Schmidt-Universität/ Universität der Bundeswehr Hamburg

Diplomica Verlag GmbH

Engfer, Tobias: Machtstrukturen in der Interaktion zwischen Studierenden und ihren Dozenten. Fallrekonstruktionen an der Helmut-Schmidt-Universität/ Universität der Bundeswehr Hamburg. Hamburg, Diplomica Verlag GmbH 2014

Buch-ISBN: 978-3-8428-9737-3
PDF-eBook-ISBN: 978-3-8428-4737-8
Druck/Herstellung: Diplomica® Verlag GmbH, Hamburg, 2014

Bibliografische Information der Deutschen Nationalbibliothek:
Die Deutsche Nationalbibliothek verzeichnet diese Publikation in der Deutschen
Nationalbibliografie; detaillierte bibliografische Daten sind im Internet über
http://dnb.d-nb.de abrufbar.

© Diplomica Verlag GmbH
Hermannstal 119k, 22119 Hamburg
http://www.diplomica-verlag.de, Hamburg 2014
Printed in Germany

Meinen Eltern

Inhaltsverzeichnis

1. Einleitung

"Where does an 800 lb. gorilla sit? - Anywhere it wants to."

Amerikanisches Sprichwort

„Wissen ist Macht."

Deutsches Sprichwort

Die Diskussion mit dem Gorilla über seine Platzwahl kann man sich wohl getrost sparen. Dieses Sprichwort wird in Amerika vorzugsweise genutzt, um große Firmen zu beschreiben, die ein erhebliches Machtpotenzial besitzen. Diese „setzen" sich einfach dorthin, wo es ihnen passt, und bleiben einfach so lange wie sie es gerne möchten. Die Metapher inkludiert dabei alle Prozesse und Handlungsweisen, Strategien und Konzepte der jeweiligen Unternehmung. Alleine weil sie das Machtpotenzial besitzen, können sie ihre ohnehin schon starke Position weiter ausbauen und bekräftigen. Dieses Verhalten lässt sich aber auch leicht auf alle anderen Individuen, Institutionen und Organisationen übertragen, die Macht besitzen und/bzw. ausüben. So auch in Universitäten. Hier gibt es die verschiedensten Entitäten und Personen die mit Macht ausgestattet sind und das hat die verschiedensten Gründe. Manchmal reicht schon das Amt und dessen entsprechenden Würden, manchmal ist es aber auch das bloße Wissen, welches sie in eine Position versetzt, die mit Machtbefugnissen ausgestattet ist. In diesem Sinne ist Wissen dann wirklich die unmittelbarste aller Mächte. Das ist die wohl angenehmste Legitimationsgrundlage für den Professorenstand. Ihr Amt dürfen sie ausfüllen, weil sie auf Grund umfangreicher Wissensbestände bewiesen haben, dass sie dazu in der Lage sind. Daraus resultieren dann zum einen Ansprüche an solch einen Posten, zum anderen aber auch Möglichkeiten, Handlungsspielräume, Privilegien und Berechtigungen. Wie damit umgegangen wird und welcher performative Charakter dabei zu Tage tritt bleibt jedem selbst überlassen. Neben der Professorenschaft gibt es natürlich noch andere Statusgruppen, wie die Privatdozenten, Doktoren, Promovenden, wissenschaftliche Mitarbeiter und Hilfskräfte, die alle in diesem Geflecht stecken und mit mehr oder weniger Macht ausgestattet sind. Daneben bleibt die höchste Instanz das Präsidium mit dem exekutiven Oberhaupt, dem Präsidenten. Dieser verfügt qua Amt über noch weiter reichende Verfügungsgewalt/Macht, die er benötigt um die Universität entsprechend zu leiten. Das andere Ende der Fahnenstange wird durch die Studierenden ausgekleidet. So zumindest wird es gerne dargestellt, wenn es zu Problemen zwischen Dozenten und Studenten kommt. Der „arme" Student ist machtlos und auf die Güte und Gnade des Dozenten angewiesen. Dem Studierenden bleibt keine Handhabe bzw. Machtposition, um sich zu behaupten. Ihm fehlen die nötigen Mittel, um auf einer gleichwertigen Basis agieren und tätig werden zu können. So zumindest die weit verbreitete Beschreibung eines Verhältnisses, das seinem Ursprung zuwider läuft.

In dieser Arbeit soll es um das Verhältnis von Dozenten und Studenten gehen und wie dieses sich im alltäglichen Universitätsalltag in bestimmten Situationen darstellt. Der Fokus richtet sich dabei auf die Aspekte der Macht, die eventuell vorhanden sind oder entstehen können. Wie gestalten sich solche Situationen, in denen die Dozenten Forderungen stellen und ihre Position behaupten und wie reagieren die Studierenden darauf, bzw. welche Handlungsmöglichkeiten haben sie? Dabei liegt eine weitere Besonderheit dieser Arbeit in der zu betrachtenden Institution. Die Helmut-Schmidt-Universität/Universität der Bundeswehr Hamburg (HSU/UniBwH)[1], ist eine von zwei Universitäten die explizit zur Bundeswehr gehören und damit dem Bundesministerium der Verteidigung unterstellt sind. Dadurch ergeben sich interessante Konstellationen zwischen dem akademischen und dem militärischen Bereich, die an keiner anderen Universität in Deutschland zu finden sind. Resultat sind auch veränderte Machtkonzepte und -konstellationen, die im täglichen Miteinander auftreten. Die zentrale Fragestellung dieser Arbeit lautet dementsprechend: Gibt es ein Machtverhältnis zwischen Dozenten und Studenten und wenn ja wie ist es strukturiert? Falls es eine klassische Ausübung der Macht nicht gibt, wie lassen sich dann auftretende Konflikte und deren Lösungen erklären?

Um dieser Frage nachzugehen soll zunächst die Begrifflichkeit Macht unter einem allgemeinen Standpunkt erläutert und betrachtet werden. Daran schließen sich die verschiedenen Machttheorien und somit auch eine weiterführende Spezifizierung des Begriffes an. Die Theorien bilden zudem den Rahmen, anhand dessen später die beschriebenen Fälle eingeordnet werden sollen, sofern dies möglich ist. Danach wird die Institution Universität näher beleuchtet, da durch die besonderen Umstände und Begebenheiten des Umfeldes Machtausprägungen konnotiert sein können. Zudem werden hier die beiden ‚Konfliktparteien' Dozenten und Studenten näher erläutert, damit im Anschluss ein Überblick darüber erfolgen kann, wie sich das Verhältnis zwischen den beiden strukturiert und wo es Ansätze von einer performativen Macht gibt. So haben die Dozenten zum Beispiel die Befugnis und gleichzeitig aber auch den Zwang Noten zu vergeben, womit sie in eine Machtposition gehoben werden. Die Studierenden haben die Möglichkeit sich

---

[1] Im Folgenden nur noch HSU.

gruppendynamischer Prozesse zu bedienen, um ihren Willen zur Geltung zu bringen. Nachdem die möglichen Einflussnahmen dargelegt wurden, schließt sich der Teil mit den Fallrekonstruktionen an. Dabei werden anhand von Erfahrungen aus der Arbeit in der Studierendenvertretung der HSU, dem Studentischen Konvent, Fälle aufgearbeitet, in denen es Probleme zwischen Dozenten und Studierenden gab. Waren diese Begebenheiten von Machtmomenten und -ausübungen geprägt? Wenn ja, welche Art von Macht, laut geschildeter Theorien, war es? Sollte keines der klassischen Machtkonzepte Anwendung finden bzw. einfach keine adäquate Erklärungsgrundlage sein, bleibt zu klären ob eine neue Machttheorie konzipiert werden muss, oder ob die Probleme keinen Einfluss durch Machtausübungen erfahren haben. Die abschließenden Betrachtungen versuchen dann das Bild eines Verhältnisses zwischen Dozenten und Studenten zu zeichnen, das sich nicht gänzlich von Macht verabschiedet, sofern dies das Ergebnis der Analyse sein sollte, da die Anwendung, wie die Arbeit noch zeigen wird, einen Zwang darstellt und der Zwang lediglich vernunftgemäßer Anwendung bedarf.

2. Was ist Macht?

Einen Begriff der Macht zu definieren ist – und das Bedarf keiner längeren Ausführungen – ein schwieriges und im Grunde nicht zu realisierendes Unterfangen. Das liegt zum einen daran, dass Macht die verschiedensten Ausprägungen und Anwendungsgebiete haben kann und zum anderen an der jeweils individuellen Auffassung, was Macht eigentlich ist. Man mag durchaus den Kern dessen erfassen, was als Charakter der Macht bezeichnet werden kann, dennoch kann darauf kein allgemeingültige Bild aufgebaut werden, was Macht für eine Gesellschaft und für jeden Einzelnen bedeuten kann und bedeutet. Zielführender scheint vielmehr die Hinführung zu einem solch komplexen Konstrukt mithilfe von verschiedenen Ansichten, Blickwinkeln und Denkweisen zu sein.

Macht als Begrifflichkeit entstammt dem gotischen ‚magan'. Dieses bedeutet so viel wie ‚vermögen' etwas zu tun oder etwas ‚können'. Artverwandte Begriffe aus dem Englischen (power) und Französischen (pouvoir) finden ihre Herkunft in der lateinischen Sprache. Dort beschreibt die Konstellation ‚potis esse' den Zustand des ‚mächtig sein'. Aus diesem Begriffspaar leitet sich das lateinische ‚posse' ab, was wiederum mit ‚können' übersetzt wird. An dieser Stelle wird deutlich, dass die Machtbegrifflichkeit immer zusammen mit einem Potenzial begriffen werden muss, sofern man den Ursprung der Wörter betrachtet (vgl. Scholl, 2007, S. 28). Macht als Potenzial heißt demgemäß angewendet auf soziale Beziehungen, dass man beim Anderen das erreichen kann, was man erreichen will, ohne dass dieses „können" unbedingt umgesetzt werden muss" (Scholl, 2007, S. 28). Ein weiterer Ansatz betrachtet Macht aus einem eher politischen Blickwinkel: „M. ist ein politisch-soziologischer Grundbegriff, der für Abhängigkeits- oder Überlegenheitsverhältnisse verwendet wird, d. h. für die Möglichkeit der M.-Habenden, ohne Zustimmung, gegen den Willen oder trotz Widerstandes anderer die eigenen Ziele durchzusetzen und zu verwirklichen. M. kann von Personen, Gruppen, Organisationen (Parteien, Verbänden, Behörden) bzw. dem Staat ausgeübt werden oder von gesellschaftlichen (wirtschaftlichen, technischen, rechtlichen, kulturell-religiös geprägten) Strukturen ausgehen. Demzufolge wird zwischen persönlicher und sozialer M. sowie M.-Strukturen unterschieden" (Schubert & Klein, 2011).[2] Im Duden wird Macht mit den folgenden Bedeutungen versehen und beschrieben: „1. Gesamtheit der Mittel und Kräfte, die jemandem oder einer Sache andern gegenüber zur Verfügung stehen; Einfluss. 2. etwas, was eine besondere bzw. geheimnisvolle Kraft darstellt, besitzt. 3. mit dem Besitz einer politischen, gesellschaftlichen, öffentlichen

---

[2] M. als Abkürzung steht hierbei stellvertretend für Macht.

Stellung und Funktion verbundene Befugnis, Möglichkeit oder Freiheit, über Menschen und Verhältnisse zu bestimmen, Herrschaft auszuüben" (Duden, 2013). Byung-Chul Han, ein Philosoph der Gegenwart, beschreibt Macht folgendermaßen: „Das Geschehen der Macht erschöpft sich nicht in dem Versuch Widerstand zu brechen oder gehorsam zu erzwingen. Die Macht muß nicht die Form eines Zwanges annehmen. [...] Je mächtiger die Macht ist, desto stiller wirkt sie" (Han, 2005, S. 9). Von sozialethischer Seite her, begreift sich Macht wie folgt: „Tatsächlich wird von der Annahme ausgegangen, dass Machtbeziehungen eine irreduzible Grundlage aller sozialen Realität bilden" (Hübenthal & Veith, Zur Einführung, 2005). Einen weiteren Ansatz, der eher technische' Natur weil hochgradig strukturiert und in eine Matrix gepresst ist, stellen die Überlegungen von Witte & van Quaquebeke dar. Sie schufen eine Übersicht, welche die Dimensionen von Macht versucht darzustellen und im Einklang zu bringen.

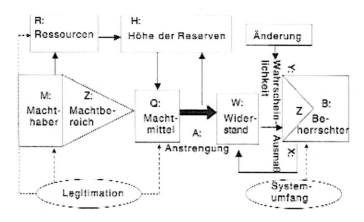

Abb. 1: Machtmatrix
Quelle: Witte & van Quaquebeke, 2007, S. 13.

Ein letzter Ansatz von Macht, der in diesem einführenden Teil betrachtet werden soll, ist der von Heinrich Popitz. Dieser hat in seinem Werk ‚Phänomene der Macht' eine Unterscheidung von Macht in vier anthropologische Grundformen vorgenommen:

1. Aktionsmacht oder auch verletzende Aktionsmacht: Diese beschreibt für Popitz die Möglichkeit des Einzelnen, einen anderen zu verletzen, ihm also Schaden zuzufügen.

2. Instrumentelle Macht: Grundlage hierfür ist die Option des Machthabers, Geben und Nehmen zu können. Im Endeffekt also die Entscheidung über Bestrafung oder Belohnung haben zu können.

5

3. Autoritative Macht: Charakterisiert wird diese durch den inkorporierten Charakter. Autoritative Macht ist nicht das Produkt von äußerlichen Einwirkungen. „Ihre allgemeine anthropologische Basis ist die Orientierungsbedürftigkeit, die Maßstabs-Bedürftigkeit des Menschen" (Popitz, 1992, S. 28).

4. Macht des Datensetzens: In der Kultivierung des Natürlich, dem Herstellen von Artefakten, wird der Umwelt ein neuer Teil (das Artefakt) hinzugefügt und es wird ein Datum gesetzt. Damit verfügt jeder ‚Datensetzer' über Macht, da er durch die ihn geschaffenen Artefakte seine Umwelt beeinflusst (vgl. Popitz, 1992, S. 23ff).

Macht als Konstrukt zu begreifen erfordert also einen umfassenden Blick auf vielerlei Aspekte. Zudem ist es ebenfalls wichtig, in welchem Bereich von Macht gesprochen wird und in welchem Zusammenhang der Machtaspekt verwendet wird. Die betrachteten Definitionen haben lediglich einen einführenden und verallgemeinernden Charakter. Sie erheben keinen Anspruch auf Vollständigkeit. Das wird besonders unter dem Aspekt deutlich, dass im anschließenden Teil auf fünf Machttheorien speziell eingegangen wird. Auf diese Art und Weise ergeben sich weitere Eindrücke bezüglich eines Machtkonzeptes, die mit den zuvor genannten ein umfassenderes Bild zeichnen und darstellen sollen.

3. Machttheorien

Für die Analyse der vorliegenden Fälle hinsichtlich des Einflusses bzw. der Kennzeichnung durch Machtkonstrukte bedarf es selbstredend verschiedener Machttheorien, die betrachtet werden sollen und folglich der Analyse zuträglich sind. Die Entscheidung für die verwendeten Autoren (Hannah Arendt, Max Weber, Niklas Luhmann, Norbert Elias und Michel Foucault) fiel auf einer Basis die nach möglichst verschiedenen theoretischen Ansätzen und differierenden Hintergründen suchte, angefangen bei den unterschiedlichen sozialen, politischen und wirtschaftlichen Lebensumständen der Autoren. Weber ist mit Abstand der älteste, aufgewachsen in der späten Mitte des 19. Jahrhunderts. Schnittmengen mit anderen Autoren gibt es nur bezüglich Elias und Arendt. Ersterer ist 1897 geboren, Arendt kurz nach der Jahrhundertwende. Die letzten beiden hier zu betrachtenden Autoren sind Foucault und Luhman, die Ende der 1920er Jahre zur Welt kamen. 1920 war Weber bereits verschieden. Die restlichen vier Verbliebenen lebten bis in die späten 70er und 80er. 1998 verstarb mit Luhmann der letzte der hier betrachteten Autoren. Obgleich der ‚Streuungskreis' der Lebensalter relativ klein ist, waren die Schulen aus denen diese Denker kamen, und folglich auch ihre Theorien durchaus unterschiedlicher Natur. Weber beschäftigte sich mit dem Historismus und dem Neukantianismus. Elias selber entstammt in gewisser Hinsicht als Schüler Karl Mannheims der Frankfurter Schule und beschäftigte sich dementsprechend nicht nur mit der kritischen Theorie, sondern vor allem auch mit der Zivilisationstheorie, sowie der Prozess- und Figurationstheorie. Hannah Arendt kommt aus einem politisch-philosophischen Umfeld und hat in ihren Arbeiten beide wissenschaftliche Horizonte oftmals verquickt. Als Jüdin geprägt vom Nazi-Regime, beschäftigen sich ihre Schriften mit Themen wie Freiheit und Revolution, aber auch eben Macht, Gewalt und Herrschaft, was sie für diese Ausarbeitung so interessant macht. Luhmann bietet mit seiner Systemtheorie einen ganz anderen Ansatz bezüglich der Macht. Zudem war er ein Kritiker der Frankfurter Schule, welcher Elias entstammte. Das bringt einen weiteren Aspekt in die Betrachtungen, da die Blickwinkel extrem unterschiedlich sind. Foucault entstammt dem Existenzialismus in Frankreich und dem späteren Strukturalismus. Archäologie und Genealogie betrachtete er als adäquate Verfahren, um eine Kultur beschreiben zu können (vgl. Kaven, 2006, S. 11f; Baumgart & Eichener, 1991; Imbusch, 2012; Bublitz, 2001, S. 27ff; Breier, 2001).

Neben dem Anspruch, nach differenten Machtansätzen zu suchen, gab es noch weitere Faktoren, die die obige Auswahl unterstützt haben. Einer davon waren die Schriften von Imbusch (2012) und Kaven (2006). Beide Autoren setzen sich mit der Thematik Macht auseinander. Der Erste unter dem weiterführenden Aspekt der Herrschaft und der zweite unter Betrachtung des sozialen Wandels. Beide führen unterschiedliche Theoretiker ins Feld, um ihre Arbeiten zu gestalten. Diese Grundlage war für die vorliegende Auswahl mehr als förderlich und gewinnbringend. Da dennoch kein umfassender Überblick über solch ein weites Feld wie das Konstrukt Macht in dieser Ausarbeitung gegeben werden kann, beschränkt sich die Auswahl auf die bereits angeführten fünf Theoretiker.

Dabei soll jeweils in aller Kürze und doch so exakt wie möglich angerissen werden, wie die Positionen bezüglich der Macht aussehen. Auf diese Weise wird versucht, ein Bild des Machtverständnisses zu konstruieren, das dann in der Analyse auf die beispielhaften Fälle angewendet werden kann. So wird versucht herauszufinden, ob die geschilderten Begebenheiten tatsächlich von Macht behaftet sind oder andere Ursachen für die Vorkommnisse gefunden werden müssen. In dieser Suche besteht dazu ständig die Möglichkeit, dass neben den bereits bestehenden Machttheorien eine neue gefasst werden muss, um die Beispiele zu erklären. Dies bleibt jedoch nur eine Möglichkeit und stellt keineswegs eine Gewissheit dar.

3.1 Max Weber

Weber liefert zwei Definitionen von Macht. Die ältere von beiden begreift Macht folgendermaßen:

„Unter ‚Macht' wollen wir dabei hier ganz allgemein die Chance eines Menschen oder einer Mehrzahl solcher verstehen, den eigenen Willen in einem Gemeinschaftshandeln auch gegen den Widerstand anderer Beteiligter durchzusetzen" (Weber, 1980, S. 531, zit. nach, Kaven, 2006, S. 43).

Die zweite Definition, die später erschienen ist und Teil der Soziologischen Grundbegriffe von Weber, lautet wie folgt:

„Macht bedeutet jede Chance, innerhalb einer sozialen Beziehung den eigenen Willen auch gegen Widerstreben durchzusetzen, gleichviel worauf diese Chance beruht" (Weber M. , 1984, S. 89).

Der Unterschied zwischen den beiden Fassungen liegt nicht nur im Zeitpunkt der Veröffentlichung, sondern vor allem im Grad des Abstrakten. Während Weber in der älteren Definition noch von einem Gemeinschaftshandeln spricht, heißt es in der neueren Fassung „soziale Beziehung". Mit der Verwendung dieser Begrifflichkeit öffnet Weber den Spielraum für die Ausgestaltung von Macht und beschränkt diese nicht nur auf Prozesse des gemeinschaftlichen Handelns, sondern auf alle irgendwie gearteten sozialen Beziehungen. Macht im Verständnishorizont von Weber begriffen, bezieht sich also auf die sozialen Beziehungen als Ausgangspunkt. Damit wird deutlich, dass das Individuum als Grundlage eine soziale Beziehung benötigt, aber jedoch keine gesellschaftlichen Ordnungen, um Macht ausüben zu können. Weiterführend betrachtet, sprechen beide Definitionen von der Durchsetzung des Willens gegen den Widerstand anderer. Einer Chronologie folgend, würde das einen zweiten Schritt beschreiben. In letzter Instanz und einem dritten Punkt annehmend, kann dann von Macht gesprochen werden, wenn dieser Wille auch wirklich durchgesetzt werden konnte. Die Grafik verdeutlicht diesen Zusammenhang auf simple Art und Weise.

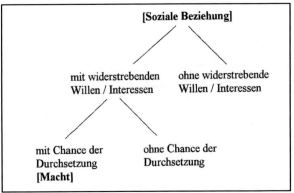

Abb. 2: Machtaufbau nach Weber
Quelle: Kaven, 2006, S. 44.

„1. Der Begriff »Macht« ist soziologisch amorph. Alle denkbaren Qualitäten eines Menschen und alle denkbaren Konstellationen können jemanden in die Lage versetzen, seinen Willen in einer gegebenen Situation durchzusetzen" (Weber M. , 1984, S. 89). Aus diesem Zusammenhang generiert Weber einen weiteren Begriff, den er mit dem Konstrukt der Macht eng verwoben hat: Herrschaft ist für ihn eine Präzisierung von Machtverhältnissen, insofern es lediglich um die Chance geht, bei einem geäußerten Befehl Folgsamkeit zu erfahren. Demnach können herrschaftliche Beziehungen nur entstehen, wenn es eine Person gibt, die mit ihrer Befehlsgebung und mit dem was sie erreichen will, Erfolg hat. In Abgrenzung zur Macht bedeutet dies weiterhin, dass eine gewisse Ordnung vorhanden sein muss, um von einer Herrschaft sprechen zu können. Bei Machtverhältnissen die lediglich auf soziale Beziehungen aufbaut, ist eine solche Ordnung nicht notwendig. Der Grund, warum Weber auf Herrschaft als weiteres Konstrukt abzielt, verbirgt sich in dem Zitat zu Anfang des Absatzes. Er beschreibt Macht als soziologisch ‚amorph', also als formloses Gebilde. Das hat mehrere Gründe. Offen bleibt zum Beispiel, worauf die erwähnten Chancen zur Durchsetzung des Willens beruhen. Webers Machtbegriff lässt zudem die Möglichkeit zu, dass sich die dargestellten Machtverhältnisse auch umkehren können und zudem auch noch relational sind. Auf Grund dieser Tatsachen bleibt der Machtbegriff für Weber weitestegehend unbrauchbar. (vgl. Weber, 1984, S. 89; Neuenhaus-Luciano, 2012, S. 97f; Kaven, 2006, S. 42ff; Reemtsma, 2007, S. 67; Hübenthal, 2005, S. 40f; Treiber, 2007, S. 50f).

Interessant hingegen und deswegen in den Fokus der Betrachtungen gerückt, ist Herrschaft als Derivat oder auch Präzisierung von Macht.[3] Dabei unterscheidet er drei Formen der Herrschaft. „Da auch empirisch keine Herrschaft sich mit den materiellen Gründen ihres Fortbestehens begnügt, sondern zusätzlich versucht, den Glauben an ihre Legitimität zu erwecken, lassen sich die Herrschaftsformen nach »Legitimitätsansprüchen« unterscheiden" (Fitzi, 2008, S. 76).

1. Legal-rationale Herrschaft

   Sie ist in ihrer Form diejenige, die der heutigen Herrschaft am vergleichbarsten ist, wenn nicht sogar in vielen Punkten auch identisch. In ihrer ,reinen' Form kommt sie der bürokratischen Herrschaft gleich. Legitimität erreicht sie durch den Glauben an die formell aufgestellten Regeln und Ordnungen, Gesetze und Vorschriften. Der rationale Charakter wird unterstützt durch den technischen Aspekt einer Apparatur. Die erstellten Gesetze und Ordnungen sind ständig änderbar, wie die Einstellungen einer Maschine, die, um perfekt zu funktionieren, ständig rekalibriert werden muss. Auf die Weise betrachtet Weber auch die legal-rationale Herrschaft. „Beispiele dafür sind die Premierminister der modernen Demokratien, die zwar vom Parlament Gesetze verabschieden lassen, sich dem geltenden Recht jedoch beugen müssen" (Fitzi, 2008, S. 78). Im Sinne der Bürokratie bedeutet dies den Umgang mit festgelegten Regeln und Vorschriften, um größtmögliche Effizienz bei der Verwaltung zu erreichen (vgl. Hanke, 2005, S. 726ff; Fitzi, 2008, S. 77f; Neuenhaus-Luciano, 2012, S. 98ff; Kaesler, 2003, S. 210).

2. Traditionale Herrschaft

   Die zweite Herrschaftsform nach Max Weber ist die traditionale, die abweichend vom Idealtypus der legal-rationalen Herrschaft besteht. Die Legitimität dieser Herrschaftsform gründet sich auf Ehrfurcht und Achtung vor »althergebrachten« Strukturen und Verhältnissen, in denen sich der Herrscher befindet. „Dabei ist der Herrscher kraft »traditionaler Regel« bestimmt und herrscht aufgrund einer »durch Tradition ihm zugewiesenen Eigenwürde«" (Fitzi, 2008, S. 79). Beispiele dafür sind vergangene aber teilweise auch noch existente Königreiche, die keine demokratische Volksvertretung besitzen. Aus dem Verwaltungsstab werden Diener, wodurch der Vorgesetzte zum Herren wird. Die Treue zur Amtspflicht wird zur persönlichen

---

[3] Im Folgenden sollen diese Formen der Herrschaft nur kurz angerissen und dargestellt werden. Da sie für das Konstrukt Macht nicht essenziell sind, aber eine Folge dessen, erfolgt die Darstellung überblicksartig.

Dienertreue. Der Entscheidungsspielraum des Herrschers ist aber nicht unbegrenzt. Wenn er sich außerhalb des nicht schriftlich definierten Rahmens (wie in einer Demokratie üblich) bewegt, begehren seine Untertanen auf. Nicht gegen die Herrschaftsform, aber gegen die Person die diese vertreten bzw. verkörpert hat (vgl. Kaesler, 2003, S. 210f; Fitzi, 2008, S. 79f; Neuenhaus-Luciano, 2012, S. 98ff; Hanke , 2005, S. 729ff).

3. Charismatische Herrschaft

Der letzte Typus ist die charismatische Herrschaft. Diese ist „außeralltäglich, personenorientiert und wirtschaftsfremd" (Fitzi, 2008, S. 82). Das sind die Merkmale, die sie von den anderen beiden Formen unterscheidet. Spezifisches Merkmal einer charismatischen Herrschaft ist eine Art ‚Führer' der mit einer außeralltäglichen Begabung oder Können ausgestattet ist. Auch die Attribute gottgesandt, übermenschlich und übernatürlich lassen sich mit dem charismatischen Herrscher in Verbindung bringen. Über diese besonderen Potenziale erreicht der ‚Führer' seine Ziele. Klassische Beispiele für Herrscher solcher Art sind Propheten, Demagogen und Kriegsführer. Vor allem Hitler galt als hochgradig charismatisch in seiner Führung des Deutschen Reiches. Er verstand es wie nur wenige, die Massen zu begeistern und zudem sprichwörtlich ‚zu fesseln'. Nur auf diese Art und Weise konnten sie seinem ‚Ruf' in einen Weltkrieg folgen. Im Gegensatz zu den anderen beiden Herrschaftsformen bedarf die charismatische ständiger Bestätigung. Die Legitimität muss immer wieder auf das Neue gefestigt werden. Das bedeutet aber nicht, dass der Herrscher von dieser Bestätigung abhängig sein muss. Das Beispiel Hitler zeigt, dass die Bevölkerung den Zuspruch der Legitimität als eine persönliche Pflicht empfand. Hitler trat als ‚Retter' auf, dem die Massen bereitwillig folgten (vgl. Elias, 1989; Fitzi, 2008, S. 82ff; Kaesler, 2003, S. 210; Neuenhaus-Luciano, 2012, S. 98ff; Hanke , 2005, S. 734ff).

Macht im Sinne Webers ist also ein eher unbedeutendes, weil amorphes und soziologisch nicht einwandfrei zu analysierendes Konstrukt. Aus diesem Grund hat sich Weber auf die Herrschaftstypologien gestützt, die er als Derivat des Machtkonzeptes sieht. Diese Herrschaftsformen lassen sich nämlich soziologisch betrachten und zur Anwendung bringen. Mit ihnen lassen sich die Einflüsse von Macht in spezialisierter Form darstellen, um so zugänglich für weitere Analysen zu sein.

3.2 Norbert Elias

Um den Machtbegriff bei Elias zu fassen, bedarf es weiterer Begrifflichkeiten, die er mit Bezug auf dieses Thema einführt. Die Verortung von Macht erfolgt nach Elias in der von ihm erdachten Prozess- und Figurationssoziologie. „Gesellschaft lässt sich somit als Geflecht vielfältiger Interaktionsprozesse und daraus resultierender unterschiedlicher Figurationen verstehen" (Imbusch, 2012, S. 170). Diese gesellschaftlichen Prozesse, wie sie Elias beschreibt, können unbewusst ablaufen und ‚stattfinden', ohne das die an ihr Beteiligten Personen die Konsequenz einer Verfestigung der so entstandenen Strukturen in Betracht ziehen würden. Die Selbstständigkeit dessen führt jedoch irgendwann dazu, dass aus dem losen Gebilde von funktionierenden Abhängigkeiten, feste Muster werden, sprich die einzelnen Gruppen bzw. einzelne Personen aufeinander angewiesen sind. Ein selbstgenerierter Rahmen der mit Zwang und Kontrolle versehen ist, ist die Folge (vgl. Baumgart & Eichener, 1991, S. 114f; Imbusch, 2012, S. 170f). Mit den von ihm eingeführten Begriffen wie Interdependenz, Verflechtung und Figuration versucht er, „fragwürdig gewordene Entgegensetzungen und falsche Dichotomien in der Soziologie (wie Individuum und Gesellschaft, innergesellschaftliche und zwischengesellschaftliche Verhältnisse, Handlung und Struktur) zu überwinden bzw. zu integrieren" (Imbusch, 2012, S. 170f). In Konsequenz sieht Elias in den Verflechtungen eine Reihe von Verkettungen[4] die eine Ordnung hervorbringen, die jedoch den Personen unbewusst ist. Sie sind für diese Ordnung ‚blind'. Sieht man diese Verkettungen in einem Kreislauf von einem Zusammenschluss von Menschen, geht aus diesem etwas hervor, das er als ‚Gesellschaft' bezeichnet (vgl. Kaven, 2006, S. 99; Imbusch, 2012, S. 171).

„Und auf diese Weise ist also jeder einzelne Mensch in der Tat gebunden; er ist dadurch gebunden, dass er ständig in funktioneller Abhängigkeit von anderen Menschen lebt; er ist ein Glied in den Ketten, die andere Menschen binden, jeder andere – mittelbarer oder unmittelbarer – ein Glied in den Ketten, die ihn selber binden. Diese Ketten sind nicht in der gleichen Weise sichtbar und greifbar wie Eisenketten. Sie sind elastischer, variabler und wandelbarer; aber sie sind nicht weniger real, sie sind ganz gewiss nicht weniger fest. Und dieser Zusammenhang der Funktionen, die die Menschen füreinander haben, er und nichts anderes ist das, was wir ‚Gesellschaft' nennen. Er stellt eine Seinssphäre eigener Art dar. Seine Strukturen sind das, was wir ‚gesellschaftliche Strukturen' nennen. Und wenn wir von ‚gesellschaftlichen Strukturen' reden, so zielen wir auf nichts anderes hin als auf dies: auf die

---

[4] Beispiele für solche Verkettungen sind nach Elias unter anderem Arbeits-, Trieb- und Besitzketten (vgl. Imbusch, 2012, S. 171).

Eigengesetzlichkeit der Beziehungen zwischen den einzelnen Menschen" (Elias, 1991, S. 33f, zit. nach, Imbusch, 2012, S. 171).

Anhand dessen was Gesellschaft ist, lässt sich herausarbeiten was Macht für Elias bedeutet und wie diese in der Gesellschaft verankert bzw. gelagert ist. Macht ist demnach ein völlig normaler Bestandteil jedweder Beziehungen zwischen Menschen. Das wiederum bedeutet, dass jede Interaktion, jedes Aufeinandertreffen von Personen von Macht ‚beseelt' ist. Dabei ist entscheidend, dass im Miteinander eine Abhängigkeit zwischen den einzelnen Gruppen oder Personen entsteht, die sich auf verschiedenen Ebenen abspielt, also unterschiedliche Grade der Abhängigkeit annehmen kann. „Wir hängen von anderen ab, andere hängen von uns ab. Insofern als wir mehr von anderen abhängen als sie von uns, mehr auf andere angewiesen sind als sie auf uns, haben sie Macht über uns, ob wir nun durch nackte Gewalt von ihnen abhängig geworden sind oder durch Liebe oder durch unser Bedürfnis, geliebt zu werden, durch unser Bedürfnis nach Geld, Gesundung, Status, Karriere und Abwechslung" (Elias, 1993, S. 97, zit. nach, Kaven, 2006, S. 99f). Niemand kann also alleine Macht haben. Er braucht immer ein gegenüber, bei dem er seinen Machtanspruch, wie auch immer geartet, geltend machen kann. Macht kann sich demnach nur in Beziehungen zwischen zwei oder mehr Menschen ‚ausbreiten'. Damit wird Macht zu einem Beziehungskonstrukt und keiner profanen Dinglichkeit. Für diesen Bereich sieht Elias, ähnlich wie es auch Arendt tut, Machtmittel vor, die in physischer Existenz ‚besitzt' werden könnenund dementsprechend auch angewendet werden können. Beispiele für solche Dinglichkeiten sind Gewalt (z.B. in Form von Waffen, Geld und anders geartete Mittel um Sanktionen wirksam zu gestalten.

Für den Grad der angesprochenen Abhängigkeit führt Elias den Begriff der Machtbalance ein. Damit rückt er alte, statische Zuschreibungen von Machtverhältnisse in ein dynamisches Feld. So wie sich Beziehungen und Verflechtungen ändern können, also die von ihm beschriebenen Figurationen, so kann sich auch die Macht im Zwischen ändern. Je nach dem wie die Machtmittel angeordnet sind, auf welcher Seite also das Monopol liegt, verändert sich auch die Machtbalance zwischen den jeweiligen Gruppen. Im Gegensatz zum alltäglichen Sprachgebrauch einer Balance, geht es Elias nicht um die Ausgeglichenheit beider Entitäten. Die Machtpotenziale können durchaus unterschiedlicher Natur sein und dennoch würde es als Machtbalance beschrieben werden. Als Beispiel dafür führt Imbusch in Anlehnung an Elias das Verhältnis zwischen Kindern und ihren Eltern an. Dieses ist von einer Machtbalance bestimmt, die es zu wahren gilt, die jedoch nicht ausgeglichen ist. Das Monopol der Machtmittel liegt hier deutlich auf der Seite der Eltern. Sollten die Kinder, aus welchen Gründen auch immer, dieses Monopol auf ihre Seite holen, verschiebt sich die Machtbalance.

Die Folgen dieses Beispieles sind offen (vgl. Kaven, 2006, S. 100ff; Imbusch, 2012, S. 173; Baumgart & Eichener, 1991, S. 116).

„Das Konzept einer Machtbalance erlaubt, wie sich hier zeigt, die begriffliche Erfassung von Schattierungen und Abstufungen in der Verteilung der Machtgewichte zwischen menschlichen Gruppen. Die herkömmlichen Denkgebräuche haben uns zu lange in simple statische Polaritäten wie die zwischen herrschenden und Beherrschten eingespannt. Was man stattdessen benötigt, ist recht offenbar ein begriffliches Instrumentarium, das die Aussage nicht nur auf zwei statische Alternativen beschränkt, sondern den Weg zur Erörterung gleitender Skalen eröffnet und so die Möglichkeit bietet, ‚mehr' oder ‚weniger' zu sagen" (Elias, 1986, S. 427, zit. nach, Kaven, 2006, S. 101).

Die Anwendung von Macht ist dabei jedoch immer davon abhängig, wie die Machtquellen und -mittel verteilt sind. Neben ‚klassischen' Mitteln, wie zum Beispiel Waffen, sieht Elias aber noch andere Potenziale, wie zum Beispiel der Besitz von Produktionsmitteln oder besonderen Wissensbeständen. Genauso ist aber auch Geld ein Mittel ebenso wie die Möglichkeit zur Sanktionierung, welcher Art auch immer. Imbusch schlägt diesbezüglich vor, bei Elias zwischen zwei Dimensionen der Macht zu unterscheiden. Jene Zwänge die sich auf Grundlage von Interdepenzen zwischen den Menschen abspielen und jene, die auf Grundlage ungleich verteilter Machtmittel zur Entfaltung gelangen (vgl. Imbusch, 2012, S. 173f).

Macht nach Elias ist also ein Konstrukt das sich in Figurationen also sozialen Beziehungen befindet und nur dort befindet. Einer alleine besitzt keine Macht. Nur die Interaktion zwischen zwei Personen oder zwischen Gruppen kann Macht ‚beinhalten'. Dabei spricht Elias von Abhängigkeiten zwischen diesen Gruppen oder Personen. Je nachdem wie die Abhängigkeiten verteilt sind, hat die eine Seite mehr Macht als die andere. Da sich die Figurationen ständig einem Wandel unterziehen, müssen folglich auch die Machtverhältnisse in ein dynamisches Feld gerückt werden. Um dies zu erreichen spricht Elias von Machtbalancen. Dabei erheben die Balancen keinen Anspruch auf Ausgeglichenheit, sondern beschreiben vielmehr den status quo, der sich dementsprechend verschieben kann. Dieser Verschub stellt die Dynamik dar, denn es muss nicht mehr von zwei statischen Polen ausgegangen werden. Wie viel Macht der einzelne oder die vielen im Miteinander wirklich zur Verfügung haben, wird bestimmt durch die Akumulation von Machtmitteln und -quellen. Derjenige der über mehr ‚Ressourcen' verfügt, besitzt folglich auch ein größeres Machtpotenzial.

3.3 Niklas Luhmann

Um das Machtkonzept bei Luhmann in Ansätzen betrachten und verstehen zu können, bedarf es der vorherigen Darstellung und kurzen Aufarbeitung seiner zentralen Theorie der Systeme. In diesem umfassenden, fast als abgeschlossenes Werk zu einer Theorie der Gesellschaft zu begreifendes Konstrukt, verbergen sich die Sichtweisen Luhmanns auf das Thema Macht. Dabei ist das Machtkonzept nicht als Folge der Systemtheorie zu begreifen, sondern als einer der vielen Ursprünge. In seiner unerlässlichen Arbeitsweis[5] konstruierte er die verschiedensten Ansätze auf denen er die spätere Theorie fußen ließ. Somit stellen seine Überlegungen bezüglich eines ,Systems' von Macht, einen grundlegenden und nicht zu vernachlässigenden Teil seines Oeuvres dar (vgl. Luhmann, 1998, S. 60ff; Reese-Schäfer, 2005, S. 37ff).

Die Systemtheorie selber war dazu gedacht, die Gesellschaft der Welt in Gänze zu fassen. Außen vor ließ er jedoch den Wahrheitsanspruch, denn darum ging es ihm nicht bei seinen Arbeiten. Grundlage seiner Überlegungen ist die Annahme der Tatsache, dass jedem gesellschaftlichen System ein Konstrukt, besser gesagt eine Struktur zu Grunde liegt, die sich auch in anderen Systemen wiederfinden lässt. Der Kern seiner Theorie stützt sich auf die Unterscheidung und Anwendung des Begriffspaares System/Umwelt. Damit ersetzt er ,alte' Unterscheidungen, die sich auf Subjekt und Objekt konzentrieren. Luhmann strebte danach, in der Gesellschaft, die er als hochgradig komplex und kompliziert beschreibt, Ordnung und vor allem Einfachheit zu etablieren. Dafür benutzt der die Systeme. „Umwelt ist alles, was das untersuchte System nicht ist. Auch die anderen Systeme sind Umwelt" (Rastelli, 2008). Wie diese Einfachheit aussieht, zeigt die Abgrenzung der beiden Begrifflichkeiten zueinander. Wichtig dabei ist, dass in der Betrachtung eines Systems, der Fokus, bzw. die Aufmerksamkeitsspanne des Einzelnen, keine Betrachtung eines anderen Systems zulässt (vgl. Rastelli, 2008; Luhmann, 1998, S. 60ff; Baecker, 2008).

Will man einzelne Systeme verstehen, muss man in den meisten Fällen andere Systeme zuerst verstehen. Dies verhält sich ähnlich mit der Systemtheorie selbst. Um einzelne Teile in das große Ganze einordnen zu können, muss man dafür andere gelesen und verstanden haben. Die Systeme, genauso wie die einzelnen Teile der Arbeit selber, sind selbstreferenziell. Neben der

---

[5] Ein Beleg für seinen ,Arbeitsdrang' liefert ein Auszug aus einem Interview mit Luhmann: „»Ich muß Ihnen sagen, daß ich nie etwas erzwinge, ich tue immer nur das, was mir leichtfällt. Ich schreibe nur dann, wenn ich sofort weiß, wie es geht. Wenn ich einen Moment stocke, lege ich die Sache beiseite und mache etwas anderes.« - »Was machen Sie dann?« - »Na, andere Bücher schreiben. Ich arbeite immer gleichzeitig an mehreren verschiedenen texten. Mit dieser Methode, immer an mehreren texten zu schreiben, habe ich nie Blockierungen.«"(Baecker & Stanitzek, 1987, S. 145f, zit. nach, Reese-Schäfer, 2005, S. 154).

Selbstreferenzialität spricht Luhmann den Systemen auch noch die Selbstherstellung zu. Sie generieren sich aus sich heraus und halten sich selber am Leben. Akteure dieser Systeme sind dabei keine Personen oder Gruppen, sondern viel abstrakter die Kommunikation. Um die selbsterhaltenden und selbstgenerierenden Prozesse zu beschreiben, bediente er sich eines Konstruktes aus der Biologie, die Autopoiesis. Biologen verstehen darunter die Eigenschaft von Zellen, nur das aufzunehmen, was sie zum Überleben und zur Reproduktion brauchen. So betrachtet Luhmann auch die sozialen Systeme. Diese nehmen nur die Informationen aus der Kommunikation auf, die sie für die weitere Existenz brauchen, was also an den Sinn des bestehenden Systems anschlussfähig ist. „Ein soziales System kommt zustande, wann immer ein autopoietischer Kommunikationszusammenhang entsteht und sich durch Einschränkung der geeigneten Kommunikation gegen eine Umwelt abgrenzt. Soziale Systeme bestehen demnach nicht aus Menschen, auch nicht aus Handlungen, sondern aus Kommunikationen" (Luhmann, 1986, S. 269). Sinn ist ebenso ein wichtiges Merkmal von sozialen Systemen, als dass Luhmann darin ein Mittel zur Reduktion der bereits erwähnten Komplexität sieht. Grenzen des Systems, sind demnach gleichzeitig auch Komplexitätsgrenzen. Die Abgrenzung von innen heraus beschreibt Luhmann anhand einer binären Codierung: Was wird wahrgenommen und was wird nicht wahrgenommen. Dafür wird der Beobachter eingeführt. Dieser vermag es seine Aufmerksamkeit auf einen Punkt zu richten, wie zum Beispiel ein Haus. All das was nicht Haus ist, entzieht sich in diesem Moment dem Blickwinkel des Beobachters. Hier greift wieder die von Luhmann beschriebene Sinnhaftigkeit der Reduktion der komplexen Umwelt. Dass der Beobachter in seinem Tun unterscheidet, bemerkt er jedoch nicht. Folglich entsteht ein blinder Fleck in seiner Beobachtung. Als Konsequenz gibt es keine vom Beobachter unabhängige Realität. Luhmann treibt dieses ‚Spiel' weiter und führt einen Beobachter ‚zweiter Ordnung' ein. Das bedeutet jedoch nicht, dass die Zweite Ordnung eine übergeordnete ist, vielmehr befindet sie sich auf der gleichen Abstraktionsebene wie die erste. Das kommt dadurch zustande, dass der Beobachter zweiter Ordnung den ersten beim Beobachten beobachten kann, womit sein Fokus auf den ersten Beobachter gelegt ist. Dadurch entsteht bei dem Beobachter zweiter Ordnung wiederum ein ‚blinder Fleck' in der eigenen Beobachtung, den er nicht bereinigen bzw. ausgleichen kann (vgl. Luhmann, 1998, S. 65ff; Rastelli, 2008; Reese-Schäfer, 2005, S. 37ff; Baecker, 2008). „Wenn man schließlich mit in Betracht zieht, daß Beobachten immer ein Operieren ist, das durch ein autopoietisches System durchgeführt werden muß, und wenn man den Begriff dieses Systems in dieser Funktion als Beobachter bezeichnet, führt das zu der Aussage: der Beobachter ist das ausgeschlossene Dritte seines Beobachtens" (Luhmann, 1998, S. 69).

Luhmann fasst den Kern dessen, was das Gesellschaftssystem ausmacht, folgendermaßen zusammen: „Das Gesellschaftssystem wird [...] nicht durch ein bestimmtes »Wesen«, geschweige denn durch eine bestimmte Moral [...] charakterisiert, sondern allein durch die Operation, die Gesellschaft produziert und reproduziert. Das ist Kommunikation" (Luhmann, 1998, S. 70).

Sein Konzept von Macht ist, wie beschrieben, kein alleinstehender Term, sondern Teil der ‚großen Theorie'. Er grenzt seine Vorstellungen über Macht von den klassischen Machttheorien ab, weil ihm deren Aufbau auf dem Vorhandensein von Kausalität missfällt. Macht ist diesbezüglich die Ursache einer Wirkung und wird an das Verhalten des Machtbetroffenen gebunden. Das wiederum hätte anders sein müssen, wenn die Macht nicht eingesetzt worden wäre. „Wichtig dabei ist, dass das Verhalten des Machtunterworfenen nicht nur hätte anders sein *können*, da sonst die zur Erklärung der Macht notwendige Kausalitätsannahme nicht notwendig und demnach hinfällig ist" (Brodocz, 2012, S. 247). Luhmanns Ansatz richtet sich an den Vorstellungen Talcot Parsons zum Thema Macht aus. Dieser betrachtet Macht als soziales Interaktionsmedium. Im Anschluss daran entwickelte Luhmann „ein eigenes Konzept symbolisch generalisierter Kommunikationsmedien" (Brodocz, 2012, S. 248f). Zu diesen Medien zählt Luhmann neben Macht auch noch insbesondere Liebe, Geld und Wahrheit. Die Subsumierung unter dem Konstrukt der ‚symbolisch generalisierten Kommunikationsmedien' bedingt die Möglichkeit des Vergleiches. „Die zentrale These ist, dass allen Kommunikationsmedien ihr funktionaler Bezugspunkt, d.h. das Problem, zu dessen Lösung sie beitragen, gemeinsam ist: *die Unwahrscheinlichkeit der Kommunikation*" (Brodocz, 2012, S. 249). Kommunikation setzt sich aus drei verschiedenen Teilprozessen zusammen. Eine *Information* wird zu einer *Mitteilung,* die beim Empfänger verstanden (*Verstehen*) werden muss. Dieser dreiteilige Selektionsprozess kann immer anders ausfallen, da die einzelnen Teile auch immer anders hätten aufgenommen werden können. Mit dem *Verstehen* eröffnet sich eine weitere Möglichkeit, die der Annahme oder Ablehnung der Kommunikation. Ablehnung beinhaltet die Möglichkeit des Abbruches der Kommunikation, also ein Scheitern. Diese Unschärfe führt zur Unwahrscheinlichkeit der Kommunikation, in der lediglich das *Verstehen* mit einer Garantie ausgestattet ist. „Hier kann auch die Sprache an sich nicht weiterhelfen, da sie Ja und Nein gleichberechtigt behandelt. Sie bedarf darum »Erfolgsmedien« (Luhmann 1991: 203), wie das der Macht, die als symbolisch generalisierte Kommunikationsmedien »die Annahme einer Kommunikation erwartbar [...] machen in Fällen, in denen die Ablehnung wahrscheinlicher ist.« (Luhmann 1997: 316)" (Brodocz, 2012, S. 250). Von Macht bestimmte

Kommunikation besteht also darin, dass das Handeln des einen das Handeln des anderen beeinflusst. In der Form, dass der Mitteilende darüber entscheidet, wie der Empfänger zu handeln hat und diese Entscheidung befolgt sehen will. Macht gilt in diesem Verhältnis als Steigerung der Wahrscheinlichkeit des Eintretens der geforderten Handlungsweise. „Dem Machtunterworfenen legt sie in der prinzipiell offenen Entscheidung über Annahme oder Ablehnung dieser mächtigen Kommunikation nahe, anzunehmen, während sie gleichzeitig den Machthaber zu einer mächtigen Kommunikation motiviert, indem sie eine Annahme des Machtunterworfenen erwartbar macht" (Brodocz, 2012, S. 251). Macht besitzt damit gleichermaßen einen motivationalen Charakter für beide Seiten, indem sie sie auf die Selektionsweise des Machthabers in der Hinsicht wirkt, dass er die Motivation des Machtunterworfenen zur Grundlage seiner Selektionsentscheidung macht (vgl. Luhmann, 2012a, S. 11ff; Luhmann, 2012b, S. 50ff; Hübenthal, 2005, S. 41ff; Brodocz, 2012, S. 247ff).

3.4 Michel Foucault

Wie bereits eingangs beschrieben ist Foucault in einem wissenschaftlichen Umfeld groß geworden, das zu Beginn seiner Schaffensphase vom Existenzialismus und im späteren Verlauf – und das ist besonders für sein Konzept der Macht von Bedeutung – vom Strukturalismus geprägt war. Er selbst verortete sich nie in den Reihen der Strukturalisten, obgleich einige Ansätze seiner Arbeiten und die Art und Weise wie er arbeitet auf einen existenzialistischen Impakt schließen lassen.

In Anlehnung an Ferdinand de Saussure, einem Schweizer Sprachwissenschaftler, der Sprache als ein System von Zeichen betrachtete, konzentrierte sich der Strukturalismus auf die Analyse und Betrachtung der verschiedenen Gegenstandsbereiche unter der Prämisse, dass diese „als ein Regelsystem aufzufassen" sind, „die aus sich selbst heraus" funktionieren und deren Strukturen „keinen Bezug zu einem externen Referenten mehr" (Kaven, 2006, S. 132) kennen. Ebenso betrachtete Foucault die Regeln und Bauprinzipien der von ihm analysierten Gegenstände als zentralen Punkt (vgl. Hübenthal, 2005, S. 43f; Kaven, 2006, S. 132f).

Als Instrumente zur Betrachtung und Analyse der gesellschaftlichen Prozessen und Vorgängen, bedient sich Foucault der Archäologie und der Genealogie. Besonders die Genealogie ist mit dem Konstrukt der Macht verbunden, wie das nachfolgende Zitat darlegt: „Während die Archäologie die Freilegung des systematischen Gehalts von Aussagen im System diskursiver Regelmäßigkeiten beabsichtigt, betrachtet die Genealogie deren Entstehung aus historisch sich verändernden Machtkonstellationen und Machtspielen" (Bublitz, 2001, S. 29). Macht bzw. Machtpraktiken bilden also den Grundbegriff der genealogischen Geschichtsschreibung. Zur gleichen Zeit fungiert der Diskursbegriff als Grundlage für die Archäologie (vgl. Deleuze, 1992, S. 9ff). „Wie Foucault am Ende der Archäologie ausführt, geht es ihm darum, die Regeln, denen die Geschichte und die Erzählungen, die Ökonomie und das soziale Verhalten einer Gesellschaft gehorchen, ans Licht zu bringen, ohne sie einem subjektiven Bewußtsein, aber auch, ohne sie einem »universalen Diskurs« (AW: 285) zuzuordnen" (Bublitz, 2001, S. 28).[6]

In der Weiterentwicklung seines archäologischen Ansatzes mithilfe einer Machttheorie verlässt Foucault zusehends die Grenzen des Strukturalismus. In dem Verhältnis von Mikro-

---

[6] Weiterführende Betrachtungen zu den Begrifflichkeiten von Archäologie und Genealogie sind an dieser Stelle nicht vorgesehen und nicht möglich. Das begründet sich einerseits mit dem Umfang der Ausarbeitung und andererseits mit der eigentlichen Fokussierung auf die Machtthematik. Für tiefergehende Informationen bezüglich des Begriffspaares, die durchaus als notwendig angesehen werden, siehe auch Bublitz, 2001, S. 29ff; Kaven, 2006, S. 131ff; Deleuze, 1992, S. 69ff; Ruffing, 2010, S. 52ff; Smart, 1985, S. 31ff, 41ff.

und Makroebene, steht der Strukturalismus für eine Dominanz der Makroebene. Diese beinhaltet zum Beispiel die Strukturen und das Regelsystem. Foucault versucht diesen Part mit der Mikroebene, also den einzelnen Sprechakten und Handlungen in Verbindung zu setzen. Dazu bedient er sich des Machtgebildes (vgl. Kaven, 2006, S. 135f).

Um dieses zu fassen, kann man an verschiedenen Punkten ansetzen, oder unterschiedliche Betrachtungswinkel von Autoren zu Rate ziehen. Foucault selber bietet eine Möglichkeit, indem er versucht, Macht mithilfe dreier Fragepronomina näher zu spezifizieren. Er fragt nach dem *Wie* der Macht. Wie sieht die Ausübung von Macht aus? Wie die Äußerungen dieser? Des Weiteren fragt er nach dem *Was*. Was ist Macht eigentlich? Was macht die Natur der Macht aus? Zuletzt bemüht er das *Warum*. Wo liegen die Ursprünge der Macht? Wie lässt sich ihre Existenz erklären. In diesem Zusammenhang bietet Foucault fünf Punkte an, mit denen sich Macht analysieren lässt und die, folgt man Kaven, als Antwort auf diese drei Fragen gelten können (vgl. Kaven, 2006, S. 142):

1. „Das Einwirken auf Handlungen anderer bringt ein ‚System der Differenzierungen' hervor. [...]
2. Die Subjekte, die zueinander in Beziehung treten, haben Interessen und verfolgen Ziele. [...]
3. Das Einwirken auf die Handlungen anderer geschieht mit Hilfe von Instrumenten [...].
4. Es ergeben sich verschiedene Grade der Institutionalisierung und Verfestigung von Machtverhältnissen [...].
5. Das Ergebnis solcher Prozesse des Einwirkens auf Handlungen anderer kann verschiedene Grade der Rationalität aufweisen, im Sinne von Effizienz [...]" (Kaven, 2006, S. 142f).

Im weiteren Verlauf seiner Arbeiten nimmt Foucault noch eine weitere Unterscheidung in vier Punkte vor, die dazu dienen sollen, das Machtkonzept näher zu spezifizieren. Er gliedert seine Überlegungen diesbezüglich in die Hauptformen der Macht, wie zum Beispiel die Bio-Politik der Bevölkerung, die Machttechniken, die unter anderem die Kontrolle von Diskursen bedeuten kann, die Machtinstitutionen, wie Schule, Familie oder Polizei und die Dispositive, wie zum Beispiel das Sexualdispositiv, ein (vgl. Smart, 1985, S. 93ff; Kaven, 2006, S. 143f; Sarasin, 2006, S. 158ff, 166ff; Detel, 2006, S. 31ff).

Einen anderen Betrachtungswinkel liefert Kneer, der ebenfalls vier verschiedene Punkte unterscheidet, in die er das Machtkonstrukt von Foucault einbettet:

1. Zunächst ist Macht nicht das Privileg eines Einzelnen, jedoch auch nicht einer Gruppe oder Institution. Grund für diese ablehnende Haltung ist die von Foucault geäußerte Unmöglichkeit, Macht als etwas Substanzielles aufzufassen, das akkumuliert bzw. angehäuft werden kann. Macht muss als „ein vielschichtiges, multidimensionales Kräfteverhältnis mit einer Pluralität von Manövern, Techniken, Verfahrensweisen und Taktiken begriffen werden" (Kneer, 2012, S. 268).

2. Es gibt innerhalb der Gesellschaft keinen machtfreien Raum. Foucault charakterisiert Macht als ubiquitär, omnipräsent, allumfassen und stets gegenwärtig. Macht ist Konstrukteur jedweder sozialen Beziehung und dringt in die kleinsten Bereiche des Miteinanders vor. Dieser Ansicht folgend ist eine Abkehr von der Macht, also ein Ausstieg undenkbar. Sie ist schließlich allgegenwärtig. Zustände außerhalb der Macht, die als friedvoll oder machtfrei bezeichnet werden können, sind, so die Genealogen, nur eine Strategie gegenwärtig ablaufender Schlachten. „Macht avanciert bei Foucault somit zum *differenzlosen* begriff: Das ‚Andere' der Macht existiert nicht, es ist bereits auf kategorialer Ebene ausgeschlossen" (Kneer, 2012, S. 268).

3. Macht und Wissen sind eng miteinander verstrickt. Mit Bezug auf den zweiten Punkt, ist Wissen ohne Macht nicht zu denken, weil es ja kein außerhalb der Macht gibt. Die Anwendung von Macht schafft Wissen. Genauso bedingt Wissen Machtwirkungen. Es ist „anzumerken, daß die Macht Wissen hervorbringt [...]; daß Macht und Wissen einander unmittelbar einschließen; daß es keine Machtbeziehungen gibt, ohne daß sich ein entsprechendes Wissensfeld konstituiert, und kein Wissen, daß nicht gleichzeitig Machtbeziehungen voraussetzt und konstituiert" (Foucault, 1977, S. 39, zit. nach, Kneer, 2012, S. 269).

4. Macht ist nicht gleichzusetzen mit Zwang, Gewalt und Unterdrückung. Macht kann repressiv wirken, hat dies aber nicht als unumgänglichen Charakter. Im Sinne dessen, das Macht auch Ausgangspunkt für einen schaffenden Prozess ist, wie zum Beispiel Wissen, und nicht nur eine ausschließende und verhindernde Wirkung hat, kann und muss von einem produktiven Charakter der Macht gesprochen werden (vgl. Seier, 2001, S. 92ff; Kneer, 2012, S. 267ff; Ruffing, 2010, S. 109; Hübenthal, 2005, S. 43f; Detel, 2006, S. 25ff). „*Man muß aufhören, die Wirkungen der Macht immer nur negativ zu beschreiben, als ob sie nur «ausschließen», «unterdrücken», «verdrängen», «zensieren», «abstrahieren», «maskieren», «verschleiern» würde. In Wirklichkeit ist die Macht produktiv; und sie produziert Wirkliches*" (Taureck, 1997, S. 96).

„Macht ist ein Kräfteverhältnis, oder vielmehr jedes Kräfteverhältnis ist ein »Macht-verhältnis«" (Deleuze, 1992, S. 99). In diesem Kräfteverhältnis sieht Foucault die Wirkung des einen auf die Handlungen des anderen. Diese Vorstellung lehnt sich an die Überlegungen Luhmanns an. Die Akteure der beschriebenen Verhältnisse haben immer eine Intention, also ein Ziel das sie mit ihren Handlungen verfolgen. Um die Einwirkung zu unterstützen bzw. durchzusetzen, bedienen sich die Machthaber vielfältiger Instrumentarien, wie zum Beispiel Waffen, aber auch nicht manifestierter Dinglichkeiten wie Drohungen, oder ökonomische Ungleichheiten (z.B. ein höheres Kapital, in jedweder Hinsicht[7]). Daraus ergibt sich der Umstand, dass es unterschiedliche Grade der Verfestigung von Macht gibt, was wiederum unterschiedliche Ausprägungen der Effizienz von Macht mit sich zieht. Nicht jede Ausübung von Macht muss Erfolg haben, oder die Erwartungshaltung des Eintritts eines bestimmten Ergebnisses umfassend erfüllen. In diesem Sinne stuft Foucault die Erfolgschancen ab. Weitere Spezifika sind die nicht vorhandene Bindung an Einzelne oder Viele, da Macht etwas Unsubstanzielles darstellt. Macht ist zudem immer vorhanden, also ubiquitär und allumfassend und ist mit der Vorstellung von Wissen eng verknüpft, insofern es ein Außerhalb von Macht nicht gibt und somit Wissen auch Macht zu haben bedeutet. Als letzte Eigenschaft dessen, was Foucault unter Macht versteht, bleibt die nicht notwendige Gebundenheit an Zwang, Gewalt und Unterdrückung. Macht kann genauso produktiv wirken und tut dies auch. Damit bekommt sie einen generierenden und erschaffenden Charakter. Ihr Produkt ist demnach die Wirklichkeit oder das Wirkliche.

---

[7] Vergleiche hierzu die Ausführungen Bourdieus zu den verschiedenen Kapitalarten in Schwingel, 1995, S. 85ff; Fröhlich & Rehbein, 2009; Bohn & Hahn, 2000.

3.5 Hannah Arendt

Arendts Vorstellung von Macht ist eine ganz andere als zum Beispiel die von Max Weber. „Macht ist für sie ein ursprüngliches soziales Konstituens, das von keiner vorgängigen Bestimmung abgeleitet oder abhängig gemacht werden kann" (Hübenthal, Macht. Typologische und legitimationstheoretische Anmerkungen, 2005, S. 45). Arendt fasst Macht nicht als alleinstehendes Konstrukt, sondern sieht es ähnlich wie Weber in einem Wirkungszusammenhang von verschiedenen Begrifflichkeiten. Dabei grenzt sie die verschiedenen Begriffe sauber voneinander ab, weil deren Verquickung im allgemeinen Gebrauch ihren Vorstellungen zugegen läuft. „Es spricht, scheint mir, gegen den gegenwärtigen Stand der politischen Wissenschaft, daß unsere Fachsprache nicht unterscheidet zwischen Schlüsselbegriffen wie Macht, Stärke, Kraft, Autorität und schließlich Gewalt – die sich doch alle auf ganz bestimmte, durchaus verschiedene Phänomene beziehen und kaum existieren würden, wenn sie das nicht täten" (Arendt, 2000, S. 44).

Den Grund für die fehlende Bereitschaft zur trennungsscharfen, semantischen Abgrenzung der Begrifflichkeiten, sieht Arendt nicht in dem bloßen Unwillen, sondern der falschen und dennoch immer wieder genutzten Fragestellung der Politik. „Wer herrscht über wen?" (Arendt, 2000, S. 45) Dabei stellen Konstrukte wie Macht, Gewalt und Stärke nur die Mittel dar, derer sich die Menschen bedienen um über andere herrschen zu können. Erst mit der Auflösung dieser Zuspitzung, können die leeren Worthülsen wieder mit ihrem eigentlichen Sinn gefüllt werden und in der ursprünglichen Bedeutung wieder wirken (vgl. Arendt, 2000, S. 45; Hübenthal, 2005, S. 45f).

„Macht entspricht der menschlichen Fähigkeit, nicht nur zu handeln oder etwas zu tun, sondern sich mit anderen zusammenzuschließen und im Einvernehmen mit ihnen zu handeln. Über Macht verfügt niemals ein Einzelner; sie ist im Besitz einer Gruppe und bleibt nur solange existent, als die Gruppe zusammenhält" (Arendt, 2000, S. 45). Befindet sich jemand im Besitz der Macht, so Arendt weiter, kann dies nur bedeuten, dass er durch die restliche Gruppe mit der Befugnis ausgestattet ist, in ihren Namen zu handeln und zu agieren. Im Rückschluss bedeutet dies, wenn die Gruppe dem Einzelnen die entsprechenden Befugnisse wieder entziehen, ist dieser machtlos. In der Anrufung einer ‚mächtigen Person' sprechen wir, so Arendt, bereits in einer Metapher. Ohne diese müsste die Anrufung mit dem Zusatz ‚stark'erfolgen und nicht ‚mächtig'. Deswegen ist der zweite Schritt die nähere Erläuterung der Begrifflichkeit Stärke (vgl. Kühn, 2009; Arendt, 2000, S. 45; Hübenthal, 2005, S. 45f; Becker, 2012, S. 221f).

In Abgrenzung zur Macht kommt Stärke bei Arendt nur bei einzelnen Personen oder auch Dingen vor. Sie stellt kein kollektives, sondern ein individuelles Phänomen dar, das unabhängig von anderen Akteuren ist. Dennoch lässt sich Stärke zwischen einzelnen Akteuren oder Dingen vergleichen. Die qualitativen Unterschiede sind messbar. „Stärke hält der Macht der Vielen nie stand; der Starke ist nie am mächtigsten allein, weil auch der Stärkste Macht gerade nicht besitzt. Wo der Starke mit der Macht der Vielen zusammenstößt, wird er immer durch die schiere Zahl überwältigt, die sich oft nur darum zusammenschließt, um mit der der Stärke eigentümlichen Unabhängigkeit fertig zu werden" (Arendt, 2000, S. 45f). Arendt verknüpft das Unabhängige, also auch die Unabhängigkeit, mit Stärke; die Stärke des individuellen, unabhängigen Akteurs. Dagegen kann die Gruppe, die als Kollektiv ja über Macht verfügt, aufbegehren und sich wehren. In dem Zusammenhang von Stärke erwähnt Arendt zudem auch noch Kraft als Konstrukt, dass nach ihrer Einschätzung im Deutschen oft synonym mit Stärke verwendet wird. Mit der semantischen Trennung der Begrifflichkeiten, sollte nach Arendt die Kraft, für die ‚Naturkräfte' vorbehalten bleiben. In der Nutzung würde es dann metaphorisch verwendet werden. In der Wirkung von Gesellschaften auf Individuen könnte dann von ‚Wasserkraft' gesprochen werden oder der ‚Kraft der Verhältnisse' (vgl. Brunkhorst, 2007; Arendt, 2000, S. 45f; Hübenthal, 2005, S. 45f).

Autorität bezieht sich ähnlich wie Stärke auf einzelne Personen und dazu jedoch nicht auf Dinglichkeiten, sondern auf Ämter oder besonderen Positionen. Klassische autoritäre Einzelverhältnisse gibt es zwischen Kindern und Eltern, genauso wie zwischen Lehrern und Kindern. Mit Bezug auf das Amt führt Arendt unter anderem das Beispiel des Senats in Rom an. Die Grenzen ‚links und rechts' neben autoritärem Verhalten sind eng gesteckt. Ein Vater, der versucht durch Schläge seine Autorität zu sichern, wird diese verlieren. Anstelle dessen tritt die Tyrannei über das Kind. Sollte er versuchen, dem Kind ein Verbot beizubringen, indem er seine Beweggründe erläutert und mit dem Zögling diskutiert, wird er seiner Autorität ebenfalls verlustig gehen. Hier weicht sie demokratischen Verhältnissen. Daraus lässt sich schließen, dass Autorität auf fraglose Anerkennung und Gehorsam derer angewiesen ist, denen sie abverlangt wird. Zwang und/oder Überredung führen zu anderen Verhältnissen. Es ist der Respekt, der den Führenden oder Ämtern die Autorität zusichert. Der Verlust von Autorität auf der einen Seite, führt zum Machtgewinn auf der anderen. Wenn der Einzelne seinen Respekt verloren hat, begehrt die Masse auf (vgl. Kühn, 2009; Brunkhorst, 2007; Arendt, 2000, S. 46f).

Den letzten näher zu umschreibenden Begriff sieht Arendt in der Gewalt. „Gewalt schließlich ist, wie ich bereits sagte, durch ihren instrumentalen Charakter gekennzeichnet. Sie steht dem Phänomen der Stärke am nächsten, da die Gewaltmittel, wie alle Werkzeuge, dazu dienen, menschliche Stärke bzw. die der organischen »Werkzeuge« zu vervielfachen, bis das Stadium erreicht ist, wo die künstlichen Werkzeuge die natürlichen ganz und gar ersetzen" (Arendt, 2000, S. 47). Arendt bricht den Begriff der Gewalt, wie sie selber erwähnt, völlig auf den instrumentellen Charakter herunter. Für sie findet Gewalt nur auf einer physischen Ebene statt, zumindest wenn man das Ende des Zitates betrachtet. Redet sie am Anfang noch von Gewaltmitteln auf einer eher abstrakten Ebene, weil sie dort noch zwischen der Verstärkung der menschlichen Stärke und der von ‚organischen' Werzeugen unterscheidet, bezieht sie sich am Ende auf die ‚künstlichen' Hilfsmittel, die die ‚natürlichen' völlig verdrängen. Das bedeutet, sie bezieht sich auf eigens durch den Menschen geschaffene künstliche Hilfsmittel die zur Umsetzung und Durchsetzung von Gewalt gebraucht werden (vgl. Arendt, 2000, S. 47; Brunkhorst, 2007; Becker, 2012, S. 219ff).

Macht besteht für Arendt – und das ist der Kern – nur für das Kollektiv, aber nicht für den Einzelnen. Für diesen sind andere Konstrukte und Begrifflichkeiten vorgesehen, die sich bei einem ‚sauberen' Sprachgebrauch eindeutig voneinander abgrenzen lassen, dennoch aber nicht immer alleine auftreten müssen, bzw. in solch einer Trennschärfe auftreten. „So nimmt Macht in organisierten Gemeinwesen oft Kennzeichen an, die eigentlich der Autorität angehören, immer dann nämlich, wenn das Funktionieren des sozialen Lebens sofortige, fraglose Anerkennung von Anordnungen erfordert" (Arendt, 2000, S. 47).

4. Institution Universität

Nachdem nun die verschiedenen Machttheorien vorgestellt wurden, die in der vorliegenden Arbeit für die nähere Betrachtung und spätere Analyse herangezogen werden, bedarf es noch weiterer einführender und erklärender Abschnitte, um der Thematik eine ausreichende Basis zu schaffen, aber auch damit angesprochene Spezifika nicht ohne Begründung und Hintergrund bleiben. Das betrifft vor allem die Einbettung der Theorien in die Institution Universität, spezieller die Verortung im Verhältnis zwischen den Studierenden und den Dozenten. Dieses Miteinander wird strukturiert und bestimmt durch die äußeren Begebenheiten, in die sich die beiden Entitäten hineinbegeben, wenn sie Teil der Universität werden.[8] Dadurch hat das Konstrukt der Universität einen entscheidenden Einfluss auf das Zusammenspiel dieser beiden Parteien und kann folglich nicht unbeachtet bleiben bzw. vernachlässigt werden.

Der Abriss über die Entstehungsgeschichte der Universitäten in Europa, genauso wie die Darstellung der Merkmale die die Studierenden wie die Dozenten ausmachen, versucht aufzuzeigen und herauszuarbeiten, ob bereits gewisse Verhaltensmuster per se vorhanden sind, die als machtbelastet oder von Macht bestimmt charakterisiert werden können. Diese tradierten Verhaltensweisen und Einflüsse bestimmen die spätere Analyse dahingehend, als dass eventuelle Machtverhältnisse ungewollt sind, beziehungsweise unbeabsichtigt, jedoch durch die Institution bereits gegeben sind, unabhängig von den Dozenten und den Studierenden. Ob dies der Fall ist, wird sich im Abschnitt sieben zeigen.

4.1 Ein Abriss

„Die Universität ist eine Anstalt zur Weitergabe und Erzeugung höheren (nicht alltäglichen, komplexen, wissenschaftlichen) Fakten-, Methoden-, und Orientierungswissens. Indem sie nur Individuen in sich aufnimmt, die zum Umgang mit diesem Wissen befähigt erscheinen bzw. ausgebildet werden können, und die Anwendung des erworbenen Wissens in der Regel mit der Übernahme höherer gesellschaftlicher Positionen verbunden ist, ist sie zugleich eine Elitenbildungsanstalt." (Weber W. E., Geschichte der europäischen Universität, 2002, S. 9)

---

[8] Ausführliche Erläuterungen wie der Beitritt oder Eintritt bei Studierenden und Dozenten aussieht, folgen im sich anschließenden Abschnitt, der zum einen überblicksartig über die Studierenden Auskunft gibt und zum anderen auch die Dozenten näher beleuchtet.

Es lassen sich durchaus noch viele weitere Beschreibungen, Erläuterungen und Definitionen finden, was eine Universität ist.[9] An dieser Stelle soll jedoch eine einzige hinreichend sein, steht sie doch nur stellvertretend für alle diejenigen, die nicht genannt wurden und deren Inhalt bzw. Aussagekraft noch gewinnbringender sein könnten oder durchaus sind. Wo die Universitäten in Europa ihren Ursprung haben ist da schon unstrittiger obgleich aber mit ebenso vielen unbekannten Variablen belegt, deren Anzahl dennoch überschaubar bleibt, bzw. kalkulierbar ist.

Der Ursprung bzw. die Herkunft lässt sich in Paris und Bologna ausmachen. Ausschlaggebend für die Entwicklungen, die als Konsequenz die Etablierung von Universitäten hatten, waren zum einen Auseinandersetzungen zwischen Kirche und weltlichen Herrschern, genauso wie die beginnende Emanzipierung des Bürgertums. Bei den Auseinandersetzungen ging es vornehmlich um Rechtsstreitigkeiten[10], was dazu führte, dass sich entsprechend viele Rechtsschulen gründeten. Diese erfuhren zu Beginn des 12. Jahrhunderts einen solch massiven Zulauf, dass, obgleich die dadurch anfallenden finanziellen Einkünfte wünschenswert waren, sich die allgemeine Lage der Sicherheit und Ordnung drastisch verschlechterte. So zumindest aus dem Blickwinkel der Kommunalvertreter in Bologna. Die Schüler und Lehrer hingegen sahen sich einem perfiden System von Ausbeutung gegenüber, was sich zum Beispiel in horrenden Mietzahlungen wiederspiegelte. Im Bestreben der Kommune, dem unkontrollierten Zufluss eine produktive Richtung zu geben, dies jedoch ohne die Schüler und Lehrer wirtschaftlich und auch sozial besser zu stellen, kam es zum Aufruhr, der bis zum Kaiser gelangte. Dieser stellte sich schützend vor die Betroffenen und entzog sie der städtischen Gerichtsbarkeit, was bei Streitigkeiten ein unabhängiges Urteil zur Folge machte und so mehr Gerechtigkeit schaffte. Angespornt vom Erfolg in der Durchsetzung ihrer Interessen, gründeten sich innerhalb der Studierendenschaft verschiedene Interessengruppen, die sogenannten *nationes*. In diesem schlossen sich die Studierenden verschiedener Herkunftsgebiete und Länder zusammen, um ihre Interessen durchzusetzen. Im Laufe der Zeit wurde die Anzahl derer so groß, dass eine effektive Arbeit nicht mehr möglich war und weitere aufbauende Strukturen notwendig wurden, um Effizienz und Produktivität genauso wie die aktive Selbstverwaltung zu gewährleisten. Auf diese Weise entstanden erste große Organisationen (*universitas*), in diesem Falle Rechtsschulen, die ihre eigene Lehrplanung,

---

[9] Interessanterweise lässt sich im späteren Verlauf des Buches von Weber eine weitere Definition von ihm finden. „Nach klassischer Definition ist unter Universität ein mehr oder weniger institutionalisierter, öffentlich anerkannter Verband gleichberechtigter Lehrender (Professoren) zu verstehen, der mit Lernenden (Studenten) eine Bildungszweckgemeinschaft eingegangen ist, über bestimmte Selbstbestimmungs- und Selbstverwaltungsrechte verfügt sowie entsprechende Grade verleiht." (Weber, 2002, S. 16)
[10] Diese Streitigkeiten bzw. Rechtsfragen teilten sich auf die Kirche (Kanonisches Recht), den weltlichen Herrscher (Kaiserrecht) und die Ortschaften (Kommunales Recht) auf.

Rekrutierung von Lehrpersonal und Verwaltung übernahmen. Dies alles getragen von den *nationes*, also von studentischer Seite. Als Gegengewicht gründeten die Dozenten und Magister ebenfalls Vereinigungen und begaben sich in Zusammenschlüsse, um den studentischen Interessen gegenübertreten zu können (vgl. Boehm, Müller, & al., 1983, S. 9ff; Weber, 2002, S. 16ff; Verger, 1993, S. 49ff; Koch, 2008, S. 32ff).

In Paris verlief dieser Prozess nahezu gleichartig. Im Gegensatz zu Bologna gab es hier aber nur einen großen Zusammenschluss, der seinen Schwerpunkt auf der Theologie hatte. „Der rechtliche Durchbruch erfolgte mit dem päpstlichen Statut von 1215 und der Bulle von 1231, die seither als eine Art Magna Charta der europäischen Universität gilt" (Weber W. E., Geschichte der europäischen Universität, 2002, S. 20). Diese beiden Papiere standen den jungen *universitas* umfassende Rechte zu. Diese umfassten Gerichtsstands-, Freiheits-, und Autonomiegesetze. So durften sie selber neue Professoren anwerben, selbstständig Prüfungen durchführen und Titel vergeben, sie durften sich selbst organisieren nebst eigenen Statuten und Satzungen, was Sonderbehandlungen im Strafrecht bedingte und die fremden Studierenden wurden in die Kommune aufgenommen, wodurch auf sie das Einheimischen-recht angewendet werden konnte (vgl. Weber, 2002, S. 20f; Koch, 2008, S. 26ff).

Auf dieser Grundlage, obgleich noch sehr wacklig und ausbaufähig, gründeten sich im Laufe der Jahrzehnte und Jahrhunderte die Universitäten Europas. Für den geschichtlichen Hintergrund genügen die Anfangsjahre der Universitäten. Auch wenn im Laufe der Jahrhunderte viele Änderungen stattfanden und sich eine enorme Anzahl an neuen Institutionen auf dieser Grundlage etablierte, bleibt der Kern dennoch unverändert und diesen galt es herauszustellen. Vorrangiges Ziel war es zu zeigen, wo die heutigen Verhältnisse zwischen Studenten und Dozenten ihren Ursprung haben und welche Begebenheiten dazu geführt haben. Das sich in dieser Beziehung im Laufe der Entwicklung vieles geändert hat, ist selbstredend. Darum schließen sich zwei explizite Abschnitte über den gemeinen Studierenden und den gemeinen Dozenten an, die wichtige historische Punkte herausstreichen, die bedeutend für das Verhältnis zwischen den beiden Entitäten waren und somit auch einen Einfluss auf das Machtgefüge haben können, aber nicht zwingend müssen.

4.2 Der gemeine Student

Neben dem, was die Institution ausmacht und kennzeichnet, wird sie maßgeblich durch diejenigen bestimmt, die sie bevölkern und ihr erst den eigentlichen Sinn geben. Wissensvermittlung ohne jene, die sich entsprechendes Wissen aneignen wollen, ist vergebene Mühe und schlichtweg ein unsinniges und zutiefst unfruchtbares Unterfangen. Für die Betrachtungen und die spätere Analyse ist die historische Betrachtung des Studierenden deswegen erheblich. Dies klang bereits im vorherigen Kapitel in dem Zusammenhang an, als dass auf Grundlage bestimmter äußerer Umstände, Begebenheiten und Vorkommnisse sich das Verhalten und die Einstellung ändern kann und somit dazu beiträgt, ein anderes Verhältnis bzw. eine andere Grundlage zu kreieren, auf der Handlungen und Interaktionen mit den Dozenten ablaufen und die somit einen Einfluss auf eventuelle Machtkonstrukte haben kann.

Den einen typischen Studenten herauszufiltern ist – und so zeigen es schon historische Aufzeichnungen – schwierig bis gänzlich unmöglich. Schon zu Beginn der Universitäten unterschieden sich die Besucher dieser Institutionen, genauso wie sie es heute noch tun. Zeitliche Unterschiede gibt es dennoch, die für das vergangene und heutige Universitätsleben bezeichnend und charakterisierend sind.

Man könnte der Möglichkeit Glauben schenken, dass bei der Etablierung der Universitäten nur reiche und wohlhabende Mitglieder der Gesellschaft sich diese Art der Bildung leisten konnten. Das ist, sehr einfach gesprochen, falsch. „Ein »sozialer numerus clausus« bestand nicht, wenn auch, standesmäßig rubriziert, Immatrikulationsgebühren entrichtet werden mußten, von denen nur die *pauperes* (Armen) befreit waren" (Müller, Geschichte der Universität. Von der mittelalterlichen Universitas zur deutschen Hochschule, 1990, S. 28). Daraus entwickelte sich bereits zur damaligen Zeit ein ausgeprägtes System von Stipendien für die Unterstützung bedürftiger Studenten. Mit dem Einschreiben in die Matrikel waren die Studenten Teil des Gebildes und Teil der Universität. Der wohl auffälligste Unterschied zur heutigen Zeit besteht darin, dass das damals durchschnittliche Alter für den Beginn der Studien bei 12-14 lag und nicht wie heute bei 18-19. Schwinges unterscheidet bereits zur damaligen Zeit fünf verschiedene Typen von Studenten. Wichtigste Punkte dabei sind, dass die Typen eins bis drei eher aus der Mittel- und Unterschicht kommen, also aus normalen bis ärmlichen Verhältnissen. Der im Vergleich zu heute frühe Studienbeginn lässt sich bei näherer Betrachtung mit der modernen schulischen Entwicklung gleichsetzen. Typ I besuchte lediglich maximal 24 Monate diese Bildungseinrichtung und ergriff danach die Möglichkeit zu einer Berufsausbildung bzw. ging unmittelbar mit dem erworbenen Wissen in einen Beruf. Das alles ohne auch nur ein Examen oder eine Prüfung abgelegt zu haben, denn diese Praxis war bis in das 15. Jahrhundert eher unüblich. Folgerichtig haben diese ‚Studierenden' auch nie das Studium offiziell abgeschlossen. Sie kamen aber bereits unter der Prämisse, dies niemals zu tun, sondern lediglich ihren Wissensbestand auszubauen, bzw. für den späteren Beruf zu optimieren. Der zweite Typ ist sozial gesehen auf einer ähnlichen Stufe, hatte jedoch die Absicht sein Studium mit einem Abschluss zu beenden. Dieser ist mit einem heutigen Abschluss der mittleren Reife vergleichbar. Dazu waren weitere 24 bis 30 Monate notwendig, sodass die Studenten am Ende 16-19 Jahre alt waren. Typ III ist insofern eine Steigerung der beiden vorhergehenden, als dass diese Studierenden den Abschluss eines Magisters im Alter von 19-21 anstrebten. Das ist mit dem heutigen Abitur vergleichbar. Auf diese Weise gelangt man zu Typ V, der am besten dem heutigen Bild eines Studenten entspricht. Verlässt Typ III nicht die Universität nach seinem Abschluss und beginnt ein Studium an den höheren Fakultäten (Medizin, Recht und Theologie,), so wird er zum Typ V, den Schwingens beschreibt. Der bisher ausgesparte vierte Typus ist auch heute noch anzutreffen und bezieht sich vornehmlich auf diejenigen, die bereits mit einer hohen Stellung, gewissen finanziellen Hintergrund oder Adelsprivilegien ausgestattet sind und sich somit von den ‚durch-schnittlichen' Studierenden abheben. Diese Durchmischung zeigt deutlich, dass die mittelalterliche Universität ein Abbild der Gesellschaft war und fernab davon, ein exklusives Gebilde zu werden bzw. bereits zu sein (vgl. Schwinges, 1993, S. 181ff; Müller, 1990, S. 28ff).

In der Zeit von Reformation zu Revolution änderten sich bezüglich des Verhältnisses von Studierenden und Dozenten einiges. Waren Magister und Scholaren im Mittelalter eng miteinander verbunden und das auf vielfältiger Weise wie zum Beispiel durch die unmittelbare Entwichtung der Studiengebühren an die Lehrenden und die durchaus als nah zu charakterisierende Wohnsituation, so sorgten neuerliche Bestrebungen dafür, dass gerade diese Punkte an Wichtigkeit verloren. Durch die Verbeamtung der Professoren und die damit einhergehende Schaffung einer einheitlichen Bezahlung veränderte sich das Verhältnis signifikant. „Ein derartiger Umbau beendete in einem wesentlichen – nämlich finanziellen – Punkt das vielschichtige Abhängigkeitsverhältnis zwischen Magister und Scholar, stärkte aber andererseits das universitätsinterne Über- und Unterordnungsverhältnis von Professor und Student. Der vormals enge Kontakt zwischen Lehrendem und Lernendem wurde distanzierter, formalisierter und hierarchischer " (Müller, 1996, S. 264).

Soziale Schicht des Vaters	Halle, Württemberger 1821–1837	Tübingen, Göttingen, Erlangen, Heidelberg, Kiel 1777–1867	Halle, Leipzig, Württemberger 1874–1876	Preußische Universitäten 1887–1891	Preußische Universitäten 1911/12	Deutsche Universitäten 1931
Adel	3	12	4	2	5	1
Gelehrte Berufe	44	44	38	25	21	25
Höhere Mittelschicht	3	15	9	16	12	11
Kleinunternehmer	23	14	19	19	23	18
Untere Angestellte				3	6	3
Untere Beamte	20	8	16	20	27	32
Landwirte	7		10	12	6	4
Arbeiter	1	1	5	1	2	3

Abb. 3: Soziale Herkunft deutscher Universitätsstudenten
Quelle: Ringer, 2004, S. 219

Die Zeit von 1800 bis hin zum 2. Weltkrieg ist hauptsächlich durch zwei Begebenheiten geprägt. Zum einen veränderte sich massiv die soziale Zusammensetzung der Studierenden, und zum anderen begannen politische und religiöse Bewegungen ihren Einfluss verstärkt auszuüben.[11] Zur sozialen Umschichtung lassen sich hervorragend die Zahlen der aufgeführten Tabelle heranziehen. Dort ist mehr als eindeutig zu erkennen, wie sich im Laufe von rund einem Jahrhundert die Zusammensetzung der Studierenden deutlich verändert hat. Während die Zahlen der Studierenden, deren Väter Gelehrte oder Landwirte waren, im Laufe der Zeit abgenommen haben, konnten diejenigen deren Familienoberhaupt in der höheren Mittelschicht beschäftigt oder ein unterer Beamter war, einen deutlichen Zuwachs verzeichnen. In der Folge lässt sich also erkennen, dass gerade die Mittelschicht an Studierendenzahlen gewonnen hatte und die besonders reichen und armen Gesellschaftsteile dafür Einbüßen hinnehmen mussten (vgl. Ringer, 2004, S. 218ff).

Europäische Länder	1970	1980	1990
Albanien		14,6 (50)	25,2 (50)
Belgien	124,9 (36)	196,2 (44)	276,2 (48)
Bulgarien	99,6 (51)	101,4 (56)	188,4 (51)
Dänemark	76,0 (37)	106,2 (49)	142,9 (52)
Deutschland BRD	503,8 (27)	1223,2 (41)	1686,7 (41)[b]
Deutschland DDR	503,1 (43)	400,8 (58)	438,9 (52)[c]
Finnland	59,8 (48)	123,2 (48)	165,7 (52)
Frankreich	801,2 (–)	1076,7 (–)	1698,9 (41)

Abb. 4: Zahlen Universitätsstudierender in Europa
Quelle: Halsey, 2010, S. 191

---

[11] Für weiterführende Informationen bezüglich der studentischen Bewegungen siehe Gevers & Vos, 2004, S.227-300.

Bezeichnend für die Zeit nach dem 2. Weltkrieg waren die rasant steigenden Studienzahlen. Auch hier verdeutlicht die Tabelle anschaulich mit welcher Geschwindigkeit diese zunahmen. Eindrucksvolles Beispiel ist der ehemalige Westteil Deutschlands, in dem sich zwischen 1970 und 1990 die Studierendenzahl verdreifachte. Neben den stark steigenden Studierendenzahlen ist es unter anderem auch die studentische 68er-Bewegung, die die Nachkriegsphase bedeutend prägte[12] (vgl. Halsey, 2010, S. 191ff).

Zu Beginn des Wintersemesters 2012/2013 betrug die Zahl der Studierenden in Deutschland 2.497.819 (vgl. Statistisches Bundesamt, 2013, S. 6). Schwieriger als diese sehr eindeutige Zahl ist die Antwort auf die Frage, was ein typischer Student heutzutage ist. Das Modell das Schwinges benutzt hat, die Einteilung in fünf Typen, ist nicht übertragbar und auch eine große, durchaus als represäntativ zu beschreibende Umfrage im Jahre 2010 konnte auf die Frage nach drei Adjektiven für den typischen Studenten keine Antwort finden (vgl. Dahlkamp , Popp, & Verbeet, 2010). In der Konsequenz kann dies nur heißen, dass der Studierende von heute ein diffuses Konstrukt ist, dass von jedwedem Spezifikum oder ihn charakterisierenden Merkmalen befreit ist, ohne ideologischen Größenwahn ausgerüstet und bepackt mit der individuellen Lust zur Selbstverwirklichung im Meer der Gleichgesinnten (vgl. Dahlkamp , Popp, & Verbeet, 2010; Bender, 2009).

---

[12] Für weiterführende Informationen zur 68er-Bewegung siehe Frei, 2008.

4.3 Der gemeine Dozent

Im vorherigen Abschnitt bezüglich des gemeinen Studierenden wurde bereits an einigen Punkten deutlich, wie das Verhältnis zwischen Lehrendem und Lernendem aussah, bzw. wie sich gewisse Umgangsformen etabliert haben. An diese Punkte soll angeknüpft werden, um an Beispielen aufzuzeigen, welche Stellung die Dozenten im Laufe der Jahrhunderte hatten und welche Bedeutung ihnen zugemessen wurde. Wie bereits erwähnt lässt sich anhand gewisser aufgezeigter Spezifika herausarbeiten, sei es bei der Entstehung der Universitäten oder im Laufe ihrer Entwicklung, Zwischen den Dozenten und den Studieren sind Verhältnisse gewachsen, die per se von Machtkonstellationen durchzogen und als tradiert immer noch existent sind. Das führt in der späteren Analyse dazu, dass die vorgebrachten beispielhaften Fälle unter gewissen Prämissen und Vorannahmen betrachtet werden müssen und demnach nicht völlig wertfrei angeschaut werden können.

In den Anfängen ist bezüglich der Dozenten eine Unterscheidung nach den Universitäten sinnvoll, wie sie bei den Studierenden nicht explizit vorgenommen wurde. Mit Verweis auf die beiden Ur-Universitäten in Bologna und Paris nimmt die einschlägige Literatur eine Unterscheidung in Studentenuniversität (Bologna) und Professorenuniversität (Paris) vor. Der entscheidende Unterschied, sofern die Zuschreibungen es noch nicht verdeutlichen, liegt in den Mitbestimmungsrechten. Während in Bologna die Studierenden einen erheblichen Einfluss auf die Organisation und Lehrgestaltung (sowie vieler weiterer Punkte) geltend machen konnten, lag die Stimmgewalt in Paris eher bei den Dozenten. Ursache dafür ist, dass die Universität in Paris bei der Ausstattung mit den Rechten und Pflichten vor allem die Dozenten (Magister) mit der Umsetzung betraute und die Stellung der Studierenden somit von vornherein geschwächt wurde. Für beide Universitäten waren die unmittelbaren Lebensumstände während des Studiums aber gleichbedeutend. Die Studierenden schlossen sich einem Magister an und gehörten damit zu einer Art Familie. Neben den lehrenden Tätigkeiten übernahmen die Magister damit auch disziplinierende und erzieherische Aufgaben (vgl. Verger, 1993, S. 139ff, 152ff; Weber, 2002, S. 28ff).

„Der Universitätslehrer der Frühen Neuzeit hatte mit seinem mittelalterlichen Vorgänger manches gemeinsam. Doch gewannen vom Ende des 15. Jahrhundert an neue Formen des Unterrichts und neue Kategorien von Universitätslehrern an Bedeutung. Wirtschaftliche, politische und religiöse Belastungen führten zusammen mit einem neuen Verständnis des Lehramtes zu Veränderungen und Differenzierungen des Lehrkörpers" (Vandermeersch,

1996, S. 181). Dabei ging es vor allem darum, dass aus der althergebrachten Verflechtung zwischen Lernendem und Lehrendem klarere Strukturen und Zuständigkeiten gemacht wurden. Die im Mittelalter vorherrschende Lehrverpflichtung all jener, die weiter studierten, wurde ab dem 16. Jahrhundert wesentlich aufgelockert. Daneben wurden feste Lehrstühle eingerichtet, die die Lehre und die grundständigen Vorlesungen sicherten. Besonders an den englischen Universitäten in Oxford und Cambridge waren diese Vorgänge zu spüren. Dort etablierten sich gestiftete Lehrstühle, die bis in die heutige Zeit eine Tradition haben und zu einem gewissen Grad unabhängig von den Salären und Zahlungen der Kirche und Kommune machten (vgl. Vandermeersch, 1996, S. 181ff; Weber, 2002, S. 94ff).

Für die Zeit ab 1800 waren besonders zwei Merkmale charakteristisch für die Dozenten. Zum einen die Loslösung der Universitäten von der Kirche und den Kommunen und zum anderen der massive Anstieg der Lehrstühle. Klinge bringt die Entwicklung so auf den Punkt: „Die allgemeine Entwicklung im 19. Jahrhundert begünstigte Universitätsgründungen in den Hauptstädten und größeren Städten, löste die Verbindung mit der Kirche und oft auch mit dem Bischofssitz, zielte weniger auf die Ausbildung zu geistlichen Berufen als auf diejenige von Staatsbeamten und löste die Finazierung der Universitäten aus Landbesitz und anderem Stiftungsvermögen durch den Staatshaushalt ab. All diese Tendenzen beeinflußten die Stellung, das Selbstverständnis und den Status der Universitätslehrer in ganz Europa" (Klinge, 2004, S. 114). Ein Beispiel für den zahlenmäßigen Anstieg lässt sich an der Anzahl der Lehrstühle in Deutschland festmachen. Waren es 1840 noch 886, kam man im Jahre 1938 an allen deutschen Universitäten bereits auf insgesamt 1850 Lehrstühle. Das bedeutet mehr als eine Verdopplung, die den ebenfalls gestiegenen Studierendenzahlen Rechnung trug (vgl. Klinge, 2004, S. 114ff; Weber, 2002, S. 179ff).

Seit Ende des 2.Weltkriegs trat besonders ein Merkmal immer unangenehmer an das Tageslicht: Die Zahl der Studierenden stieg weiter kräftig an, die Zahl der Lehrstühle aber nahm ab einem bestimmten Punkt nicht mehr zu, weil finanzielle Mittel fehlten, Räumlichkeiten, andere Dinge oder einfach der Wille, noch mehr Professoren einzustellen. Als unmittelbare Konsequenz daraus verschlechterte sich das Betreuungsverhältnis. Beispielhaft ist Tübingen zu nennen, wo um 1920 auf 35 Studenten ein Professor kam und um 1989 120. Daraus folgt, dass das nachgestellte Personal, wie Assistenten, Promovenden, oder andere Lehrkräfte die direkten Ansprechpartner der Studierenden wurden. Der Professor als solcher entrückte immer mehr aus dem Bereich des Persönlichen. Hinzu kam, dass nebst Entfremdung aufgrund der Masse der Lernwilligen, eine weitere Abkehr aus dem typischen althergebrachten professoralen Leben erfolgte, weil die neuen Anforderungen keinerlei Zeit mehr dafür ließen. „Der Anteil der Verwaltungstätigkeit hat dramatisch zugenommen. Ein Drittel oder mehr der durchschnittlichen Arbeitszeit entfällt auf die Lektüre von Anzeigen, Vorschriften, Fragebogen, Bitten um Entscheidung, Stellungnahmen usw." (Weber W. E., 2002, S. 183). Im gleichen Atemzug verlangt die wissenschaftliche Disziplin aber auch eine rege Beteiligung an der aktuellen Forschung, ständige Aufarbeitung und Kenntnis vom aktuellen Forschungsstand, umfangreiche Publikationen und darüber hinaus verlangen die Studierenden eine ausgezeichnete Lehre. Der Berufsstand des Professors gerät zu einer unablässigen Maschinerie, die auf Output getrimmt ist. Das zeigt sich umso stärker in der heutigen Zeit, in der die Informationen immer schnelllebiger werden und der Student erwartet, dass der Dozent stetig auf dem aktuellen Stand ist, was sein Fach anbelangt. Der Druck gut zu sein ist heutzutage um ein wesentliches größer, wo es dem Lernendem wesentlich einfacher fällt, an Informationen zu gelangen (vgl. Finkenstaedt, 2010, S. 153ff; Weber, 2002, S. 181ff; Osel, 2013).

4.4 Besonderheiten der HSU

Im Gegensatz zu den ‚normalen' Landesuniversitäten stellt die HSU eine Besonderheit dar – und das nicht nur, weil sie eine reine Bedarfsträgeruniversität ist. Darüber hinaus gibt es einige Punkte und Bereiche, die sich von der normalen Struktur und Gliederung einer Universität abheben.

Eingerichtet für die akademische (Aus-)Bildung der Offiziere und Offizieranwärter der Bundeswehr, deckt die HSU den Bedarf des Bundesministeriums der Verteidigung (BMVg). Grundlage für die Einrichtung der Universitäten der Bundeswehr (zu Beginn Hochschulen der Bundeswehr) waren Reformbestrebungen Ende der 1960er Jahre, die auch im Verteidigungs-ministerium dazu führten, dass über die Bildung und Ausbildung der Angehörigen der Streitkräfte und im Speziellen die der Offiziere nachgedacht wurde, denen qua Position Führungs- und Leitungsaufgaben zukommen. Das Resultat dieser Überlegungen war ein Erlass des damaligen Bundesministers der Verteidigung, Helmut Schmidt. Dieser regelte die Aufstellung einer ‚Kommission zur Neuordnung der Ausbildung und Bildung in der Bundeswehr". Den Vorsitz hatte dabei Professor Thomas Ellwein inne, der der erste Präsident der HSU werden sollte und nach dem heute der Senatssaal der HSU benannt ist. Das Gutachten schlug vor, die Offiziere und Offizieranwärter durch ein dreijähriges akademisches Studium zu schicken, um den neuen Bildungsanspruch gerecht zu werden. Neben den eigenen Ansprüchen gab es noch weitere Anreize, die akademische Bildung als Bestandteil einer mehrjährigen Ausbildung zu integrieren. Im Sinne der Personalknappheit und des geringen Bewerberaufkommens der damaligen Zeit stellte ein Studium einen guten Anreiz dar, weil so die Chancen auf dem späteren Arbeitsmarkt zu bestehen um ein vielfaches erhöht wurden. Zudem konnte man so die Studierenden neben der allgemeinen akademischen Bildung auf das spätere Berufsleben vorbereiten. Dies gleicht einer Werbemaßnahme um an entsprechend fähiges Personal zu gelangen, ist aber bei näherer Betrachtung viel mehr als das. Gegen eine profane und zugleich kostspielige Werbemaßnahme spricht allein schon der Punkt, dass die möglichen Studiengänge mit Blick auf die spätere Verwendungsmöglichkeit in der Truppe eingegrenzt wurden. So lässt sich bei allen Studiengängen auch in der heutigen Zeit ein Bezug dazu herstellen, wie die gewonnenen Erkenntnisse bei den Studierenden später gewinn-bringend eingesetzt werden können (vgl. von Schroeders, 2007, S. 21ff).

Als Beispiel sei der Studiengang Psychologie erwähnt, der seit Oktober 2012 an der HSU studiert werden kann. Wenn auch mit einiger Verspätung reagiert die Bundeswehr mit der Einrichtung auf die neuerlichen Anforderungen, die sich im Umgang mit den Soldaten ergeben, die zum Beispiel traumatisiert aus den Einsätzen zurückkehren und oftmals an einer Posttraumatischen Belastungsstörung (PTBS) leiden. Mithilfe des Studiums der Psychologie werden zwar keine fertigen Psychiater generiert, aber es wird dafür eine Grundlage geschaffen und in der Truppe können diese Kameraden entsprechend ihrer Qualifikationen eingesetzt werden, wie zum Beispiel für Beratungsgespräche oder in grundlegender beratender Position bei Einsätzen, zur Abwägung der psychischen Belastung (vgl. Bonk, 2013).

Darüber hinaus gibt es aber auch noch andere Hinweise, die einer alleinigen Werbemaßnahme widersprechen. Der Aspekt des Obligatorischen verleitet zu der Annahme, dass es auch Soldaten gibt, die abgeschreckt werden den Berufsweg des Offiziers einzuschlagen, weil sie gar nicht die Absicht haben zu studieren. Obgleich man das System auch fakultativ hätte gestalten können, war man im Sinne der Bildungsbestrebungen daran interessiert, dass möglichst alle angehenden Offiziere diese Ausbildung durchlaufen, damit sie deren Mehrwert in die Truppe tragen können. Nicht zuletzt bleibt noch der Aspekt der Integration der Bundeswehr in die Gesellschaft eine niemals endende Aufgabe. Diese Integration wird in diesem Beispiel nicht nur möglich, weil der Weg in die spätere, zivile Arbeitswelt erleichtert wird, sondern auch weil dadurch Transparenz und Durchlässigkeit bezüglich der Wissenschaft gezeigt wird, die auch dann möglich ist, wenn der Bedarfsträger die Bundesrepublik Deutschland ist (vgl. von Schroeders, 2007, S. 22ff, 73f).

Als weitere Besonderheit neben Konzeption und Grund für die Errichtung kann die Struktur herausgestellt werden. Neben den Bereichen Forschung und Lehre und der zentralen Verwaltung gibt es noch einen Studentenbereich. In diesem sind neben allen studierenden Soldaten auch das weitere militärische Personal zusammengefasst, das mit den Belangen der Studierenden beschäftigt ist, sie also truppendienstlich führt. Die Gliederung erfolgt nach den Studiengängen. Während die technischen Bereiche (Maschinenbau, Elektrotechnik und Wirtschaftsingenieurwesen) in A[13] zusammengefasst sind, gehören die wirtschafts- und sozialwissenschaftlichen Anteile (Volkswirtschaftslehre, Betriebswirtschaftslehre und Politik) zu C und die geistes- und sozialwissenschaftlichen Anteile (Bildungs- und Erziehungswissenschaft, Geschichtswissenschaft und Psychologie) zu B. Diese drei Bereiche werden als Studentenfachbereiche bezeichnet, die sich nur noch in Studentenfachbereichsgruppen

---

[13] Die Buchstaben lehnen sich an das NATO-Alphabet an und bekommen beim Buchstabieren somit eine andere Grundlage. Für die genannten drei Beispiele wäre das A-Alfa, B-Bravo und C-Charlie. Bei der Nennung der Studentenbereiche, werden die eben genannten Bezeichnungen verwendet anstelle der bloßen Nennung des Buchstabens.

aufteilen. Über diese drei Ebenen (Studentenbereich > Studentenfachbereich > Studentenfach-bereichsgruppe) erstreckt sich auch die disziplinare Aufteilung, die einen weiteren Aspekt darstellt, der an keiner Landesuniversität zu finden ist. Da die Studierenden während der gesamten Studienzeit im Dienstverhältnis eines Soldaten stehen, ist es im disziplinar-rechtlichen Sinne notwendig, dass eine Vorgesetztenstruktur existiert, die mit der beschriebenen Aufteilung gewährleistet wird. Der Leiter des Studentenbereiches im Dienstgrad eines Oberst oder eines Kapitän zur See ist dennoch nur in militärischen Belangen allen Soldaten an der Universität vorgesetzt. Die Leitung der Universität im Ganzen hat der Präsident. Damit sind die Teile Verwaltung und akademischer Bereich gemeint, die unmittelbar den Weisungen des Präsidenten unterstehen. Das gilt auch für alle Belange in diesen Bereichen, wenn sie die Studierenden betreffen. Das letzte ‚Wort' hat der Präsident und nicht der Leiter des Studentenbereiches. Demnach ist der Präsident, ein Zivilist, auch der Leiter der Dienststelle und nicht der Oberst bzw. Kapitän zur See (vgl. von Schroeders, 2007, S. 68ff).

Ein weiterer und letzter Punkt, der die HSU von anderen Universitäten unterscheidet, ist bei Weitem kein Alleinstellungsmerkmal, jedoch spezifisch genug, sodass er hier angeführt werden kann. Sämtliche Studiengänge sind nämlich als Intensivstudiengänge konzipiert. Das ist, wie erwähnt, keine Besonderheit mehr in der deutschen Hochschullandschaft, dennoch kann die Begrifflichkeit Intensivstudiengang verschieden aufgefasst und genutzt werden. In den meisten Fällen wird damit eine Art weiterführendes Studium beschrieben, das ein bereits abgeschlossenes reguläres Studium zur Voraussetzung hat. In der Weiterführung werden die Inhalte komprimiert dargeboten und vermittelt, sodass sich verkürzte Studienzeiten ergeben. Die Abschlüsse sind folglich sehr spezieller Natur und meist nur auf eine bestimmte Fähigkeit fokussiert bzw. ausgelegt. Für ein grundständiges Studium, das mit dem akademischen Grad eines Bachelors abschließt, sehen die Regularien wie sie in der Bologna-Reform festgehalten wurden, eine Mindeststudierdauer von drei Jahren vor (vgl. European Ministers of Education, 1999, S. 3). Nur auf dieser Grundlage kann der die Bezeichnung ‚Bachelor of Arts' oder ‚Bachelor of Science' erlangt werden. Die beschriebenen Intensivstudiengänge schließen meist mit Zertifikaten ab, die durch etwaige Bildungsinstitute akkreditiert, aber nicht im Sinne der Bologna-Reform konzipiert sind. Die Besonderheit an der HSU ist der Umstand, dass eben jenes als dreijähriges Grundstudium konzipierte Konstrukt ganz legitim verkürzt wurde und somit zu einem Intensivstudiengang wird, das mit dem akademischen Grad eines Bachelors abschließt. Dabei wurde die Zeit von drei auf etwas mehr als zwei Jahre verkürzt und der Master in diesem Zusammenhang von zwei auf eineinhalb Jahren reduziert. In diesem Sinne kann also durchaus von einem besonderen Merkmal gesprochen werden, wodurch sich die HSU von anderen Universitäten abhebt (vgl. fernuni-hagen.de, 2013; Strey, 2012, S. 5).

Die Merkmale herauszuarbeiten, die die HSU von anderen Universitäten abhebt, ist dahingehend wichtig, da sich durch die Spezifika die grundlegenden Machtstrukturen ändern. Nicht nur dass der Hintergrund der Studierenden militärisch geprägt und demnach mit einem Kontinuum von Macht belastet ist, sondern auch die dadurch resultierenden Erfahrungen im Umgang mit Machtstrukturen, die im Laufe der Ausbildung gemacht werden, die vor dem Studienbeginn stattfindet. Darüber hinaus bedingen die strukturellen Unterschiede durch das Additiv ‚Militärischer Bereich', dass weitere Machtverschiebungen vorhanden sind, wie sie an einer Landesuniversität zum Beispiel nicht gefunden werden können. Aus diesem Grund ist es, wie bereits angeklungen, notwendig die Besonderheiten zu beleuchten, weil die ansonsten getroffenen Annahmen über die Machtverhältnisse zwischen Studenten und Dozenten in ein falsches Licht gerückt werden könnten. Im weiteren Verlauf und speziell bei der Betrachtung der Fallrekonstruktionen ist es deswegen enorm wichtig, die Besonderheiten zu berücksichtigen, die das Bild der HSU massiv beeinflussen und prägen. Das Problem, das hierbei entstehen könnte, ist, dass die gewonnenen Ergebnisse am Ende nicht verallgemeinert werden und nur für die HSU als Institution und im besten Fall auch noch für die Schwesteruniversität in München gelten können, da die besonderen Strukturen an keiner anderen Universität gegeben sind und somit auch nicht die Rahmenbedingungen, was wiederum Geschehnisse und Vorkommnisse einzigartig macht und im schlechtesten Fall nicht übertragbar auf Situationen in denen sich Studenten von anderen Universitäten wiederfinden. Dies ist ein Punkt, den es dezidiert im siebten Abschnitt zu betrachten gilt, wenn mithilfe der Machttheorien die rekonstruierten Fälle betrachtet werden.

5. Macht und Möglichkeit

Der vierte Abschnitt hat in Ansätzen verdeutlicht, welche historischen Entwicklungen einen Impakt auf die gegenwärtigen Machkonstellationen an Universitäten haben können. Konkretisierungen, denen Machtpotenzial zugeschrieben wird, bleiben aber dennoch immer von der Möglichkeit dessen behaftet, denn nur weil das Potenzial dazu besteht, Macht zu besitzen oder ausüben zu können, bedeutet dies nicht, dass sich entsprechende Veranlagung auch wirklich finden lässt. Die geschichtlich hergeleiteten Merkmale sollen nach der folgenden Spezifizierung dessen, wie sich Macht im Verhältnis zwischen Dozent und Student ausbuchstabieren kann, dennoch angewendet werden, um die beschriebenen Möglichkeiten eventuell als vorbelastet herauszustellen. Hier greift die Eventualität tradierter Machtkonstrukte.

Dazu sollen verschiedene Möglichkeiten und Optionen angeführt und beispielhaft betrachtet werden, in denen sich Macht verbergen könnte bzw. zur Anwendung kommen kann. Das gilt für den Einzelnen, also den Professor bzw. Dozenten und die Vielen, also die Studierenden.

Beide Entitäten weisen unterschiedliche Ansatzpunkte zur Machtausübung auf. Da nicht jede Eventualität im Rahmen dieser Ausführung einer eingehenden Betrachtung unterzogen werden kann, sollen nur einzelne Argumente perspektivisch betrachtet werden.

5.1 Der Einzelne

Im nachfolgenden sollen verschiedene Möglichkeiten aufgeführt werden, die ein gewisses Machtpotenzial besitzen bzw. besitzen können und somit relevant für das Verhältnis zwischen Dozent und Student sind.

Notengebung

Elementarer Bestandteil nicht nur der Schule, sondern auch der Universitäten, ist die Benotung der Leistung der Studierenden.[14] Mithilfe dieser Einschätzung bzw. Einordnung lässt sich das Kompetenzniveau des Studierenden bezüglich der Thematik messen und es wird eine Grundlage für den individuellen Vergleich erstellt. Darüber hinaus sollen Noten ausdrücken, wie viel Wissen sich der Lernende aneignen konnte, sprich wie gut seine Performanz in den Vorlesungen und Seminaren und sein Eifer zur Vor- und Nachbereitung war. Die letztendliche Entscheidung, welche Note er erhält, trifft aber nicht er selbst und damit im Endeffekt sein Können, sondern der Dozent, der die Leistung zu bewerten hat. Damit fällt den Dozenten ein Instrument zu, das per se mit Macht ausgestattet ist, denn mit der Entscheidung über gute und schlechte Noten kann massiver Einfluss geltend gemacht und zudem auch Druck ausgeübt werden. Je nach Prüfungsform kann die Intensität dessen, was mit Macht hinterlegt ist, gravierend zunehmen. Während bei Multiple-Choice-Prüfungen die Antwortmöglichkeiten von vornherein feststehen und lediglich ein Schema zu Rate gezogen werden muss, um die letztendliche Punktzahl des Prüflings herauszufinden, haben offene Fragestellungen in Klausuren, interpretative Aufgaben und natürlich sämtliche Seminar- und Hausarbeiten einen ganz anderen Charakter. Für diese Formen kann es kein vorgefertigtes Lösungsschema geben, das sich fehlerfrei auf alle Arbeiten anwenden lässt. Hier bedarf es der Interpretation und der sehr subjektiven Meinung des Dozenten. Dabei spielen noch viele weitere Faktoren mit in die Bildung der Note hinein. Welchen Schreibstil hat der Studierende? Was für einen Ausdruck hat er? Trifft er das Thema? Umreißt er alle geforderten Punkte? Obgleich einige Dinge in intensiven Gesprächen mit dem Dozenten geklärt werden können, bleiben dennoch unbekannte und nicht zu kalkulierende Variablen. Das bringt den Studierenden in eine ungewollte Abhängigkeit, die er nicht kontrollieren kann. Er ist vollends auf das Wohl oder Übel einer anderen Person angewiesen. In diesem

---

[14] Eine Notenpflicht gilt nicht für alle Schulformen und -systeme. Einige Länder führen die Notenpflicht erst in späteren Jahren ein, wie zum Beispiel Finnland (vgl. Ertel, 2002). Aber auch in Deutschland gibt es, wie einige Montessori-Schule beweisen, Beispiele, dass es auch komplett ohne Noten geht (vgl. Schneider, 2013).

Verhältnis verbirgt sich deutlich ein Machtvorteil des Dozenten über den Studenten (vgl. otr/dpa, 2012; Wagner, 2012; Seifert, 2013).

Noch wichtiger an dieser Stelle ist aber die Frage danach, was der Dozent aus diesem Vorteil macht und wie er ihn selber sieht. In dieser Tatsache steckt die Möglichkeit zu einer differenzierten Betrachtungsweise. Will der Dozent eigentlich diese Macht besitzen? Wie übt er sie aus? Ist er sich seines Vorteils bewusst? Ist er sich seiner Einflussmöglichkeiten bewusst? Die Frage nach dem Willen und dem Müssen ist wohl die elementarste. Oftmals sehen die Studien- und Prüfungsordnungen diverse Prüfungen vor und regeln zudem, wie die Benotung stattzufinden hat. In der Konsequenz bedeutet dies also eine Benotung, die durch Regularien zwangsweise vorgesehen ist. De facto unterwirft sich der Dozent also einer anderen Macht, die ihn dazu anhält, etwas zu tun, das er unter Umständen anders regulieren würde. Die Option ist ihm aber nicht gegeben. Innerhalb dieses extern aufoktroyierten Zwangs, muss er für sich die beste Umsetzung und Anwendung finden und ausmachen vgl. (HSU, 2012a, S. 9, 11; HSU, 2012b, S. 8ff; Seifert, 2013).[15]

Das dies bisweilen für Probleme sorgt und genauso oft für Unmut ist durchaus als berechtigt anzusehen. Einer Meinung zu unterliegen, die einen stark subjektiven Charakter trägt, gerade wenn man mit der Entscheidung nicht einverstanden ist, kann zu Verdruss führen. Das dies auf beiden Seiten zu unangenehmen Momenten führen kann ist auch verständlich. Der Dozent befindet sich in einer Zwickmühle aus Zwang zur Benotung und weiteren Umgang/Auskommen mit den betroffenen Studierenden. Die daraus resultierenden Tendenzen können, wie die Presse eindrucksvoll zeigt, nicht immer zum Wohlwollen aller sein.[16]

Welches Machtpotenzial die Notenvergabe schlussendlich hat, hängt also zumeist von dem Dozenten ab, der die Benotung vornimmt. Wie aufgezeigt wurde, spielen noch weitere Faktoren mit in die Notenbildung hinein. Wie viel im Endeffekt auf die (Aus-)Nutzung der Machtposition zurückgeführt werden kann, müsste in jedem Fall anhand der persönlichen Intention der Notengeber herausgearbeitet werden. Pauschal lässt sich nur sagen, dass die Vergabe von Noten ein Machtpotenzial enthält, dessen Ausschöpfung durch den jeweiligen Dozenten bestimmt wird.

---

[15] Als Beispiel für die Regulierung sind hier die Allgemeine Prüfungsordnung der HSU und die Fachspezifische Studien- und Prüfungsordnung der Fakultät für Geistes- und Sozialwissenschaften angeführt.

[16] Beispielhaft zu nennen ist der Vorfall, bei dem ein Professor einer Studentin bessere Noten anbot, wenn sie mit ihm Sex haben würde. Dies ist ein deutliches Beispiel für den Missbrauch der Machtposition, die dem Dozenten gegeben ist (vgl. cht/jol, dpa, 2009).

Gesetz

„Kunst und Wissenschaft, Forschung und Lehre sind frei." (Artikel 5 GG, Abs. 3, Satz 1) Der Artikel 5 des Grundgesetzes sichert nicht nur die Meinungsfreiheit, sondern im Speziellen auch die Freiheit der Forschung und der Lehre sowie der Wissenschaft an sich. In der Betrachtung des Gesetzestextes lassen sich Forschung und Lehre als Teilbereiche der Wissenschaft betrachten. „Als wissenschaftlich anzusehen und damit geschützt im Sinne der Wissenschaftsfreiheit (GG Art. 5 Abs. 3) ist jede wissenschaftliche Tätigkeit, d.h. auf alles, was nach Inhalt und Form als ernsthafter planmäßiger Versuch zur Ermittlung der Wahrheit anzusehen ist (BVerfGE 55,37)" (fh-aachen.de, 2012).

Für den Dozenten bedeutet vor allem die Freiheit der Lehre, dass er über die Themen dozieren kann, die er für relevant und wichtig hält. Das findet seine Grenzen, wenn der Dozent außerhalb seines Faches versucht, Wissen zu vermitteln. Innerhalb seines Faches ist er jedoch frei. Das zeigt unter anderem auch die freie Wahl der Vorlesungs- und Seminarinhalte. Die Einschränkung hier liegt bei dem ‚Zuschnitt' der Stelle die er bekleidet und welche Wissensbestände dadurch abgefordert werden. So schränkt sich das ‚frei' immer weiter ein, bzw. muss es sich an externe Vorgaben, die meistens mit der Berufung einhergehen, orientieren und ausrichten. In der Wahrung dieser Schranken besteht für den Dozenten dennoch ein großer Handlungsspielraum. In der Ausübung und Entscheidungsfindung bezüglich der Seminar- und Vorlesungsgestaltung, bei der er als freie Wahl genießt, verbirgt sich aus dem Blickwinkel der Studierenden ein Machtpotenzial. Diese müssen mit der Entscheidung leben und umgehen, weil ihnen entsprechende Einflussmöglichkeiten fehlen. Bei der Wahl der Vorlesungen und Seminare stehen die Themen bereits fest und dienen somit mehr der Orientierung als der freien Wahl. Natürlich gibt es auch den anderen Weg, bei dem die Dozenten in Abstimmung mit den Studierenden das Seminarthema entsprechend ausdehnen oder einschränken. In Kollaboration wird dann über Texte entschieden und werden Wunschthemen berücksichtigt, die in die übergeordnete Thematik passen. Das wiederum funktioniert aber nur, wenn der Lehrende von seinem Machtpotenzial absieht und es nicht zur Geltung kommen lässt (vgl. Mohaupt, 2013; Kempen, 2011).

Bei diesem Beispiel schafft also eine gesetzliche Grundlage ein Machtpotenzial zugunsten der Dozenten. Obgleich die Freiheit der Wissenschaft, Forschung und Lehre ein schützenswertes Gut ist, bleibt sie wie die Notenvergabe von extern aufoktroyiert. Da ein Verzicht auf die eigenen Grundrechte nicht möglich ist bleibt nur die persönliche Einschränkung. Wenn also der Lehrende gewillt ist, die Studenten bei der Seminar- und Vorlesungsgestaltung zu beteiligen, dann verzichtet er auf einem Teil seines Rechtes zur freiheitlichen Lehre im rechtlichen Sinn. Für sich selber gewinnt er – aber das ist nur eine Vermutung – dadurch wahrscheinlich wesentlich mehr als er aufgibt.

Kompetenz

Die Kumulation von Wissen, deren Beherrschung, Anwendung und Reproduktion stellt eine weitere Möglichkeit der Machtausübung dar. Jedoch ist sie eher passiver denn aktiver Natur. Im Gegensatz zur Notenvergabe oder dem Verweisen auf gesetzliche Vorgaben kann der Dozent den Machtvorteil nur geltend machen, wenn die Studierenden ihn auch anerkennen, das heißt, wenn sie dem Lehrenden zugestehen, dass sein Wissensbestand und seine Leistungen besonderer Qualität und Güte sind. Sie akzeptieren und respektieren ihn aufgrund seines Wissens, dass fortan als machtvoll bestätigt ist. Die Akzeptanz erfolgt also für die Fach- bzw. Sachkompetenz, die der Dozent im Rahmen seiner eigenen Studien und späteren Lehrtätigkeit angehäuft hat. Sichtbare Merkmale für diese Leistungen sind die Titel, die für das Anfertigen von entsprechenden wissenschaftlichen Arbeiten vergeben werden. Die Promotion führt zum Doktorgrad und die Habilitation zum Professorentitel, dem Ritterschlag in den Wissenschaften. Damit einher geht bei Betrachtern von außen die Akzeptanz qua Titel. Obgleich sie, ohne die Arbeiten gelesen zu haben, nicht feststellen können, ob diese Person wirklich qualifiziert ist oder nicht, glauben sie daran, weil der Titel vorhanden ist. Selbst wenn sie die Arbeiten gelesen hätten, würde die Einschätzung, ob eben jene gut oder schlecht sind, nicht im Bereich des Möglichen für den Laien liegen. Er selber besitzt nicht den nötigen Wissensbestand, versucht aber einzuschätzen ob jemand anderes ihn hat. In diesem Zusammenhang taucht auch die Begrifflichkeit des Professionellen und des professionellen Handelns auf. Jemanden als Profi zu beschreiben setzt ebenso voraus, auf dem entsprechenden Gebiet professionell zu sein. Fakt ist also, die Lizenz (Promotion – Habilitation), die erworben wird, bescheinigt dem Dozenten Professionalität, die durch die gesellschaftliche Akzeptanz der Studierenden zur Geltung kommt (vgl. Pfadenhauer, 2003, S. 174; Becker, Brauner, & Duschek, 2006, S. 217ff; Landfried, 2011, S. 102ff)

Ob der Dozent im Endeffekt Macht besitzt oder nicht, hängt in diesem Fall einzig und allein davon ab, ob sein Gegenüber seine Leistungen und Lizenzen anerkennt und diese entsprechend würdigt. Aus diesem Umstand heraus entwickelt sich das Machtkonstrukt. Ist der Studierende davon überzeugt, dass Titel und Wissensbestand ihre Berechtigung haben[17], ist es für den Dozenten möglich seine Ansichten glaubhaft zu machen. Darin steckt das Machtpotenzial, denn der Dozent entscheidet über Inhalt und Qualität dessen was er weitergibt, ohne dass der Studierende dies beeinflussen könnte, denn er hat ja bereits anerkannt, dass die Lehrperson fähig ist.

Autorität

„Autorität ist keine Eigenschaft von Personen, sondern auf ihre Bestätigung in Beziehungen angewiesen, in denen Unterschiede zwischen Autoritäten und denen, die sich nach der jeweiligen Autorität [sic!] richten, anerkannt werden" (Roth, 2013, S. 26). Kompetenzen eines anderen anzuerkennen kann (es besteht jedoch kein Muss) bedeuten, in dieser Person eine Autorität zu sehen, bzw. dessen Autorität qua Wissen anzunehmen. Autorität und Kompetenz sind folglich stark miteinander verschränkt. Erstere soll an dieser Stelle aber noch einmal herausgehoben werden, weil, wie eben beschrieben, die Möglichkeit besteht keine Autorität anzuerkennen, aber dennoch die Fach- bzw. Sachkompetenz (vgl. ebd.). „Autorität hat jemand dann, wenn andere ihm aus freien Stücken eine persönliche Überlegenheit attestieren, an die sie selbst nicht heranreichen. Häufig eifern sie der Autorität nach und versuchen es ihr gleich zu tun: Autoritäten sind Vorbilder" (Paris, 2005, S.77. zit. nach, Roth, 2013, S. 26).

Ähnlich wie bei der Macht durch Kompetenz ist es auch bei der Autorität. Wenn der Studierende den Dozenten als Autorität anerkannt, wird dieser damit in eine Machtposition gehoben, die er (aus-)nutzen kann, um auf die Studierenden zu wirken. Die Art und Weise der Wirkung ist dabei zunächst außen vor. Allein das Vermögen erfüllt den Tatbestand des Machtpotenzials.

Zusammenfassend betrachtet, hängt die Möglichkeit des Besitzes von Macht auf Seiten der Einzelnen, nämlich der Dozenten von vielerlei Faktoren ab. Einige davon, wie beispielsweise persönliche Beweggründe, lassen sich nicht erfassen und systematisch betrachten. Definitiv

---

[17] Ob die Berechtigung wirklich gerechtfertigt ist, vermag der Studierende nicht herauszufinden. Alles was ihm bleibt sind die Lizenzen, in diesem Fall also die offensichtlichen Titel, auf deren Grundlage die Entscheidung fällt, ob die Person qualifiziert ist oder nicht. Im Schlimmsten Fall schafft der Titel Kompetenz und nicht die Kompetenz den Titel. Pfadenhauer hat dieses Dilemma näher betrachtet und spricht in diesem Zusammenhang von Kompetenzdarstellungskompetenz. Das Vermögen (Kompetenz) entsprechende Kompetenzen möglichst effektiv darzustellen. Das bedeutet nicht immer, dass das Vermögen das dargestellt wird, auch wirklich vorhanden ist (vgl. Pfadenhauer, 2003). Ein eindrucksvolles Beispiel für Kompetenzdarstellungskompetenz bietet der Fall von Frank Abagnale, der sich unter anderem als Pilot, Anwalt, Arzt und Hochschullehrer ausgab und damit durchkam. Berühmt wurde die Geschichte vor allem durch die Verfilmung ‚Catch me if you can' im Jahre 2003 (vgl. Kaufmann, 2007).

gibt es dieser aber und die Vermutung liegt nahe, dass der Prozentteil kein geringfügiger ist. Für sichtbare Machtkonstrukte wie zum Beispiel die Noten und die allgemeine Gesetzeslage, sind die Dozenten nicht selber verantwortlich. Sie müssen lediglich mit diesen Maßgaben und Anforderungen an sie selbst leben und umgehen. Hier kommt es im Endeffekt darauf an, wie sie den Zwang umsetzen und weitergeben. Das gilt insbesondere für die Notenvergabe. Den vorangegangenen Erläuterungen konträr argumentiert Breithaupt, wenn er sagt: „Professoren haben keine Macht. Verändern können wir selbst im eigenen Haus fast nichts. Und das wir mit der Notenvergabe Macht ausüben, halten wir für ein Missverständnis. Uns ist sie nämlich bloß lästig. Weil wir so wenig bewegen können, reden wir uns ein, wir gehörten zu den Jungen, zur Opposition. Und so benehmen wir uns dann auch" (Breithaupt, 2013).

Ob diese Einschätzung auch im Rahmen der späteren Analyse bestand hat und andere Faktoren bzw. Einflussgrößen gesucht werden müssen, wird sich zeigen.

5.2 Die Vielen

Gesetze

Ähnlich wie bei den Dozenten gibt es auch für die Masse, die Studierenden, gesetzliche Grundlagen und Bestimmungen, die ihnen eine gewisse Macht oder Handhabe, je nachdem aus welchem Blinkwinkel man die Dinge betrachtet, verleiht. Maßgeblich sind die Hochschulgesetze der einzelnen Länder. Im Falle Hamburgs ist es das Hamburgische Hochschulgesetz (HmbHG). Dieses regelt in derzeit 131 Paragraphen alles Wichtige und Notwendige mit Bezug auf die Gestaltung der universitären Landschaft. Von essenzieller Bedeutung für die Studierenden ist der Abschnitt §102–§106, der alle Belange im Hinblick auf die Studierendenschaft regelt. Dieser Teil sichert den Studierenden die verschiedensten Instrumente, um sich selber zu verwalten, zu organisieren und Belange durchzusetzen. Mithilfe gesetzlich festgelegter Beiträge (jedoch nicht die Höhe derer), wird zudem eine finanzielle Unabhängigkeit hergestellt. Die verfasste Studierendenschaft als solche bildet zudem einen eigenen Rechtskörper. Alle diese Möglichkeiten haben einen doppelten Charakter, der aus der Möglichkeit einen Zwang macht. Das HmbHG sieht die Umsetzung und Anwendung dieser Dinge als obligatorisch an. Sie müssen umgesetzt werden. Innerhalb dieses Zwanges bestehen dann aber wiederum die beschriebenen Freiräume und Wirkmöglichkeiten (vgl. §§102–106 HmbHG).

Alle beschriebenen Optionen bilden ein umfassendes Machtkonstrukt. Einzelne Teile dessen werden nachfolgend noch näher erläutert und ausgiebiger betrachtet.

Studierendenvertretung

Die angesprochenen Paragraphen regeln hauptsächlich die Aufstellung und Organisation der Studierendenvertretung. Unterschieden wird dabei in Studierendenparlament (Legislative) und Allgemeiner Studierendenausschuss (Exekutive).[18] Beide Organe werden jährlich gewählt und bilden das Rückgrat der Studierendenschaft. Die Liste der Aufgaben, die der Gesetzestext vorsieht ist lang:

---

[18] Abweichend von diesen Begrifflichkeiten gibt es noch andere Bezeichnungen, auch wenn diese eher weniger auftreten und nicht typisch sind. Beispielhaft sei die HSU zu nennen, deren Studierendenparlament Studentischer Konvent heißt und wo der Allgemeine Studierendenausschuss zum Sprecherrat wird (vgl. Studentischer Konvent, Satzung für den Studentischen Konvent, 2013b; Studentischer Konvent, 2013a).

„Die Studierendenschaft hat die Aufgabe, die Interessen der Studierenden wahrzunehmen und bei der Verwirklichung von Zielen und Aufgaben der Hochschule mitzuwirken. Ihre Aufgabe ist es insbesondere,

1. im Rahmen ihrer Aufgabenstellung nach Satz 1 die hochschulpolitischen Belange der Studierenden wahrzunehmen; sie hat kein allgemeinpolitisches Mandat,

2. die politische Bildung und das staatsbürgerliche Verantwortungsbewusstsein der Studierenden sowie ihre Bereitschaft zum Einsatz für die Grund- und Menschenrechte sowie zur Toleranz auf der Grundlage der verfassungsmäßigen Ordnung zu fördern,

3. zu allen Fragen Stellung zu nehmen, die sich mit der Anwendung der wissenschaftlichen Erkenntnisse auf und der Abschätzung ihrer Folgen für Gesellschaft und Natur beschäftigen,

4. die wirtschaftlichen und sozialen Belange der Studierenden wahrzunehmen; hierzu können auch Maßnahmen gehören, die den Studierenden die preisgünstige Benutzung öffentlicher Verkehrsmittel ermöglichen,

5. die geistigen und kulturellen Interessen der Studierenden zu unterstützen,

6. den Studierendensport zu fördern,

7. die Beziehungen zu deutschen und ausländischen Studierenden zu pflegen,

8. bei Verfahren zur Bewertung der Qualität der Lehre mitzuwirken,

9. bei Beschwerdeverfahren in Prüfungsangelegenheiten mitzuwirken" (§102 Abs. 2 HmbHG).

In der Erfüllung und Ausführung dieser Aufgaben liegt, wie bereits erwähnt, neben dem Zwang auch die Möglichkeit zur Machtausübung. Mithilfe der verschiedenen Instrumente haben die Studierenden ebenso wie die Dozenten ein gewisses Machtpotenzial. Die finanzielle Unabhängigkeit erlaubt zum Beispiel die Unterstützung und Durchführung eigener (nicht umfassender) Lehrinhalte in Form von Referaten und Vorträgen durch Gastredner, die mit den zur Verfügung gestellten liquiden Mitteln finanziert werden. Darüber und nicht zwingend auf die monetäre Ausstattung bezogen ist die beratende Funktion. Bei auftretenden Problemen und Unzulänglichkeiten, kann das Kollektiv mit den bereits gemachten Erfahrungen unterstützend agieren und wirken. Eine weitere Möglichkeit, die nur durch das Kollektiv verwirklicht werden kann, ist die Option der Demonstration. Hierbei zeigen aber diverse Beispiele, dass vor allem nicht gegen die Dozenten demonstriert wird, sondern gegen die Universität selber, oder gegen übergeordnete Instanzen wie zum Beispiel die Landesregierungen im Jahre 2009, als eine Vielzahl von Studierenden gegen die Einführung von Studiengebühren demonstriert hat und zugleich die Umsetzung und Einführung der Bachelor- und Masterstudiengänge mit schwerer Kritik überzogen hat (vgl. Holzmüller, 2010; ott/ddp/dpa, 2009).

Das Machtpotenzial entfaltet sich dementsprechend im Kollektiv der Studierendenvertretung und wird, wie die Beispiele zeigen, auch genutzt.

Rechtskörperschaft

Ein weiterer Punkt der bereits Erwähnung fand ist die Tatsache, dass die verfasste Studierendenschaft als eigenständiger Rechtskörper auftritt. Als solcher ist es möglich und unter Berücksichtigung der finanziellen Begebenheiten, dass Klagen im Rechtssinne im Namen der Studierenden geführt werden. Dieser Umstand gibt den Studierenden als verfasstes hochschulpolitisches Organ ein gewisses Machtpotenzial, um ihre Belange durchzusetzen. Davon unberührt bleibt natürlich die Möglichkeit eines jeden, sich auch unabhängig rechtlichen Beistand zu suchen, wenn es um Belange des Studiums geht. Klagen seitens der verfassten Studierendenschaft rekurieren auf Angelegenheiten, die auch alle Studierenden betreffen (vgl. van Laak, 2009).

Die Ausübung von Macht unter Zuhilfenahme von rechtlichen Schritten, stellt also ein probates und wirksames Mittel dar. Jedoch und dies ist selbstredend, gilt das auch für die Dozenten, die sich ebenso Hilfe bei einem Rechtsbeistand holen können.

Studien- und Prüfungsordnungen

Neben den Gesetzen des Landes, gibt es an den Universitäten Ordnungen, die nach Maßgabe der übergeordneten Rechtsprechung die hausinternen Angelegenheiten klären und Regeln. Dazu gehören unter anderem die Satzung und Geschäftsordnung, aber auch die Allgemeine Prüfungsordnung und die Fachspezifischen Studien- und Prüfungsordnungen[19], die die Spezifika näher bestimmen bei dem Umgang und der Durchführung von und mit Prüfungen und weiteren Belangen die das Studium unmittelbar betreffen. Auftretende Probleme können entstehen, weil die allgemeinen Prüfungs- und Studienbedingungen von den Vorgaben der Ordnungen abweichen. In diesem Fall sind eben jene das probate Mittel, um gegen diese Abweichungen vorzugehen. Der Verstoß von anderer Seite kreiert also ad hoc ein Instrument, das mit Macht versehen ist. Voraussetzung für dieses Machtkonstrukt ist also das fehlerhafte

---

[19] Die hier verwendeten Begrifflichkeiten beziehen sich durchweg auf die HSU. Obgleich oftmals sehr ähnlich, verwenden andere Institutionen andere Bezeichnungen und Benennungen.

Verhalten von Seiten der Dozenten oder der Hochschulleitung bzw. der Verwaltung (vgl. HSU, 2012a; HSU, 2012b).

Ein zweiter Punkt der durch die besagten Ordnungen geregelt wird und durch den die Studierenden eine unmittelbare Möglichkeit zur Einflussnahme haben, ist die Evaluation der Lehrenden. Diese ist für das Beispiel der HSU in einer eigenen Evaluationsordnung verankert und festgelegt. Im vorliegenden Beispiel regelt der §3 Abs. 3 Satz 5 zusätzlich, dass die Studierenden eine Evaluation erzwingen können, sofern genügend Studierende dafür stimmen. Damit ist den Studenten eine Option gegeben, direkt Macht auszuüben und diese in positiver oder negativer Kritik umzusetzen. Das Ergebnis dieser Evaluationen ist zudem direkt für die Dozenten bestimmt, die so ein möglichst reelles Bild ihrer Leistung aufgezeigt bekommen (vgl. HSU, 2011).

Neue Medien

Der letzte Punkt der in Zusammenhang mit den Machtpotenzialen der Studierenden aufgeführt werden soll, bezieht sich auf die neuen Medien, die nicht nur ihnen zur Verfügung stehen. Hier verbirgt sich ein Potenzial, das oft nicht so deutlich hervortritt.

Neben der Möglichkeit, in den sozialen Netzwerken über Äußerungen, Posts und Statusmeldungen an Freunde und andere Studierende Meinungen bezüglich gewisser Dozenten zu kommunizieren, gibt es auch eigene Seiten, die sich auf die Bewertung der Dozenten durch die Studenten spezialisiert haben und somit einen öffentlichen Raum für allerlei Kritik geschaffen haben. Das ‚allerlei‘ unterstreicht den Zustand des Diffusen, denn die Bewertungen und Kommentare rutschen teilweise in das Extreme hinein, wodurch die Glaubwürdigkeit solcher Plattformen grundsätzlich in Frage zu stellen ist. Dennoch kann durch solche extern geführten Bewertungen ein Bild über Dozenten entstehen, das im schlechtesten Fall durch einige wenige Studierende extrem negativ gezeichnet ist, die somit ein Image kreiert haben, das nicht gerechtfertigt ist (vgl. meinprof.de, 2013).

Das Machtpotenzial kann hier für ein positives aber auch negatives Image/Ansehen sorgen, dessen sich der Dozent oftmals gar nicht bewusst ist. Studierende die sich auf dieser Grundlage ein Meinungsbild schaffen, gehen vorbelastet in die Seminare und Vorlesungen, was nicht immer von Vorteil ist. Die oftmalige Unwissenheit der Dozenten und die einfache Handhabung solcher Bewertungsportale schafft ein Instrument für die Studierenden, das leicht zu Machtmissbrauch führen kann.

6. Fallrekonstruktionen – Exemplarische Begebenheiten

Hinführung

In den vorherigen Abschnitten wurden verschiedene Aspekte, die für die weitere Betrachtung essentiell sind, angeführt. Neben der theoretischen Grundlage, die die Machttheorien bilden, und den externen wie internen Umständen, wie sie einerseits durch die Spezifika der HSU und andererseits durch die dadurch entstehenden besonderen Verhältnisse generiert werden, sind die aufgetretenen Fälle von zentraler Bedeutung für diese Ausarbeitung. Anhand derer und mithilfe der Machttheorien soll gezeigt werden, ob von klassischen Machtkonzepten bzw. Machtbeziehungen die Rede sein kann, oder ob andere Verbindungen und Verhaltensmuster vorliegen und die Probleme die aufgetreten sind überhaupt als solche deklariert werden können, oder ein komplett anderer Tatbestand die Begründung für Diskrepanzen sein muss. Per se kann nicht von Problemen geredet werden, sobald es zu Unstimmigkeiten kommt. Die Ursachen hierfür können vielfältiger Natur sein und genau das gilt es herauszufiltern. Welche sind die bestimmenden Faktoren für das Verhältnis von Studenten und Dozenten.

Um das herauszuarbeiten sollen nachfolgend verschiedene Fälle rekonstruiert werden, die sich im dargestellten Umfang so an der HSU zugetragen haben. Dabei sind Namen und eventuelle Dienstgrade umgeändert, um die Privatsphäre der Personen zu schützen. Das breite Feld, aus denen sich die Beispiele generieren, ist meine Arbeit in den verschiedensten Gremien[20] an der Universität. Dadurch wurde ich mit den verschiedensten Problemen, Missverständnissen, Verwirrungen und Klagen von Studierenden aber auch Dozenten und Verwaltungspersonal konfrontiert. Dieses sehr weitreichende Feld ist also der ideale Nährboden, um Beispiele zu rekonstruieren. Die Explikation der einzelnen Fälle und die dazugehörigen Details, geschehen auf der Grundlage von selbstreflektiven Prozessen. Durch die oftmals informelle Natur der Vorgänge ist eine dezidierte Aktenlage nicht gegeben, bzw. wenn vorhanden nicht zu verwenden, da ansonsten die Persönlichkeitsrechte nicht gewahrt werden können. Zu diesem Zwecke erfolgt die Darstellung so detailgetreu wie möglich, anhand besagter Selbstreflektionen. Wo möglich werden Dokumente zur Belegkraft mit angeführt, jedoch nur im Rahmen des Machbaren.

---

[20] Zu den Gremien gehörte unter anderem die Arbeit im Akademischen Senat, dem höchsten Gremium der Universität. Darüber hinaus war ich im Fakultätsrat für Geistes- und Sozialwissenschaften tätig. Ich war Mitglied des Studentischen Konvents und des Sprecherrates des Konvents. Ich war studentischer Vertreter in verschiedenen Senatsausschüssen (Lehre und Studium, Gleichstellung, etc.) und verschiedenen AG's und anderen Ausschüssen (CMS-AG, Mensaausschuss, etc.).

Die Beispiele folgen einer Gliederung die an dieser Stelle für ein besseres Verständnis kurz erläutert werden soll. Aufgrund der besonderen Begebenheit einer Verstrickung von Militär und Akademischen Bereich, liegen hier auch Möglichkeiten für sich darstellende Machtverhältnisse in beide Richtungen. Obgleich der Fokus definitiv nicht auf der militärischen Seite liegt, ist er nicht außen vor zu lassen, da das Militär teils gewollt und teils ungewollt eine entscheidende Rolle im Umgang der Dozenten mit den Studenten spielt. Diese bipolaren Einflüsse werden sich in den Beispielen deutliche zeigen.

Die ersten beiden Beispiele beschreiben klassische Seminarsituationen und darin auftretende Diskrepanzen. In der ersten geht es um eine rein akademische Angelegenheit und in der zweiten kommen besagte militärische Einflüsse zum Tragen. Die Beispiele drei und vier rekurrieren auf die Gremienarbeit. Während das eine im Akademischen Senat verankert ist, spielt sich das andere im Fakultätsrat ab. Ein letztes Beispiel das angeführt werden soll findet seine Begründung in der Arbeit im Konvent und die damit verbundene hauptsächliche Aufgabe der Vertretung der Studierendenschaft.

Diese Beispiele sollen dem Charakter von verschiedenen Machtverhältnissen gerecht werden. Dadurch wird ein wesentlich differenzierterer Blick auf das Konstrukt Macht und seine Anwendung im alltäglichen Unigebrauch möglich.

Die Darstellung der Beispiele erfolgt aus Gründen der besseren Verständlichkeit aus der Ich-Perspektive. Die Schilderungen werden jedoch in der orthografischen Vergangenheit vorgenommen.

6.1 Beispiel 1 - „Das festgefahrene Seminar"

Das erste Beispiel ist durch Vorkommnisse gekennzeichnet, die sich innerhalb eines Seminars im Laufe eines Trimesters zugetragen haben. Dabei gab es immer wieder neuerliche Begebenheiten, die zusammengenommen ein ganz bestimmtes Bild zeichnen.

Ausgangspunkt ist das besagte Seminar, das eine durchschnittliche Teilnehmerzahl von rund 25 Studierenden aufwies. Dabei war das Verhältnis von Frauen zu Männern ungefähr bei eins zu drei. Das Seminar war das erste innerhalb eines neu beginnenden Moduls. Zudem war die Dozentin Frau Müller[21] bei allen Seminarteilnehmern noch unbekannt. Das erzeugte auf beiden Seiten eine besondere Situation, die grundlegend von einer Neutralität im Meinungsbild geprägt war. Zumindest für den Kurs lässt sich diese Behauptung zu einem gewissen Grad untermauern, da niemand vorher Berührungspunkte mit der Dozentin hatte und niemand sie wirklich kannte. Demnach konnte man die Situation im ersten Seminar als neugierig und interessiert beschreiben, in Erwartung der Dinge die kommen würde. Mit Bezug auf die Dozentin lässt sich keine validere Zuschreibung treffen, da diese Information schlichtweg nie kommuniziert bzw. angesprochen wurde.

In der Situation des ersten Kennenlernens war Frau Müller definitiv in einer durchweg aktiven Position, da es pro forma ihre Aufgabe war, sich vorzustellen und die Bedingungen des Seminars (Inhalte, Vorgehen, Lektüre, Prüfungsanforderungen, Spezifika, etc.) zu erläutern. Soweit zumindest die Erwartungshaltung der Studierenden. Diese wurde auch erfüllt. Darüber hinaus folgten weitere Hinweise, die zu ersten Verwirrungen unter den Studierenden führten. Frau Müller verbat das Lachen während des Seminars, Reden war in jedweder Lautstärke ausgeschlossen, Technik wurde komplett verbannt und der Toilettengang verboten.[22] Die Nichtlektüre der Texte wurde unter Sanktionen gestellt und Fehlzeiten bzw. Abwesenheit wurden nicht geduldet. Dieser Regelkatalog führte bereits in der ersten Sitzung zu Diskussionen und Spannungen. Einige Studierende echauffierten sich lautstark über die Drastik der aufgestellten, geforderten Verhaltensweisen, woraufhin die Dozentin ebenfalls mit einer entsprechenden Drastik reagierte, da sie Ruhe einforderte und das Sprechen nur nach vorheriger Meldung gestattete.

---

[21] Name geändert.
[22] Diese ‚Einschränkungen' erfolgten unmittelbar ohne einen wirklichen ‚Auslöser' gehabt zu haben. Als solchen könnte man das Reden von Studierenden werten, während die Dozentin referiert, das ununterbrochene ‚Laufen zur Toilette', übermäßiges und störendes Lachen, genauso wie die offensichtliche und das Seminar beeinträchtigende Benutzung von technischen Accessoires wie zum Beispiel Mobiltelefonen. Nichts von alledem war zu diesem Zeitpunkt jedoch der Fall.

Diese Verhaltensmuster auf beiden Seiten zogen sich durch die weiteren Seminare, was das Verhältnis und die allgemeine Situation im Umgang miteinander deutlich verschlechterte. In einer der folgenden Sitzungen kam es nach neuerlichen Aufregungen auf beiden Seiten zu einer Aussprache im Seminar. Die Studierenden haben ihren Standpunkt und ihre Ansichten vorgetragen, dass solch ein striktes Reglement des Verhaltens nicht in eine Universität gehört, allenfalls in eine Grundschule.[23] Zugleich baute sich weiterer Widerstand auf, der sich in Spott entlud, wodurch die Dozentin wiederum herausgefordert wurde. Sich selbst und ihre Vorgehensweise erklärend, verwies Frau Müller auf den Aspekt eines idealen Arbeitsumfeldes. Ihr ginge es nur darum allen Beteiligten den bestmöglichen Raum zu bieten, um so viel wie möglich Wissen aus dem Seminar mitnehmen zu können. Die Studierenden begrüßten das, forderten jedoch eine weitreichende Lockerung der aufgestellten Regeln, wozu Frau Müller nicht bereit war. Die Situation war sprichwörtlich fest gefahren. In diesem Zustand liefen die weiteren Seminare ab. Auf Seiten der Studierenden war deutlich eine stete abneigende Haltung zu verspüren, sobald das Seminar begann. Zudem ergab sich der Anschein, dass auch die Dozentin nicht mehr unbefangen in die Seminare ging, sondern ein gewisses Potential an Verzweiflung und auch Wut, genauso wie Gleichgültigkeit mitschwang.[24] Während Gespräche mit den Studierenden die Stimmung gut herausarbeiteten, war es auf Seiten der Dozentin lediglich eine Unterhaltung, in der sie zudem ihr Unverständnis über die Situation ausdrückte und eine gewisse Stagnation für weitere Handlungsoptionen zu erkennen war.

Resultat war, dass das Seminar genauso endete wie es begann, nämlich mit sehr viel Unmut auf beiden Seiten und einem fest gefahrenen Meinungsbild der beteiligten Parteien über den jeweiligen Opponenten, denn zu dem sind beide Entitäten für den jeweils anderen geworden.

Eine endgültige Aussprache über die vorgefallenen Unstimmigkeiten und Probleme gab es nie. Bis heute ist das Bild der Dozentin nachhaltig schlecht geprägt im Kreise der Studierenden. Die Vorgänge wurden zudem durch den Kurs unter den anderen Studierenden publik gemacht, was den Aspekt der Nachhaltigkeit, wenn auch in diesem Falle zutiefst negativ belastet, noch weiter verstärkte. Die unmittelbare Folge war, dass die meisten Studierenden unter allen Umständen zu vermeiden gesucht haben, ein Teil weiterer Seminare zu werden. Welche Rückschlüsse Frau Müller für sich gezogen hat, ist nicht bekannt.

---

[23] An dieser Stelle kann durchaus von erhitzten Gemütern gesprochen werden. Teilweise wurde Form und Respekt, wie sie gegenüber einem Dozenten erwartet werden, nicht gewahrt.
[24] Wie zuvor erwähnt, bleiben die wahren Hintergründe ihrer Gefühlslage im Bereich des nicht zu erfassenden. Sie hat diese niemals offen kommuniziert. Die Vermutung begründet sich lediglich auf dem Anschein, den sie erweckt hat.

6.2 Beispiel 2 - „Der leer-laute Hörsaal"

Auch dieses stellte, ähnlich wie das erste Beispiel, eine klassische Situation an einer Universität dar. Der Rahmen war lediglich ein anderer, da es um eine Vorlesung ging und nicht um ein Seminar. Diese war vom Inhalt her einführender Art. Eine Besonderheit an dieser Vorlesung war, das der gesamte Jahrgang des entsprechenden Studienfaches dort anwesend sein musste. Geregelt durch die Bestimmungen der Studienprüfungsordnung und den Anforderungen im Modulhandbuch, war die Teilnahme verbindlich. Zudem wurde lediglich ein Fehltermin seitens des Dozenten Herrn Keller[25] eingeräumt.

Mit Beginn und weiterer Verlauf der wöchentlichen Veranstaltung war ein bestimmendes Merkmal der Szenerie die nicht zu überhörende Geräuschkulisse, bedingt durch etwaige Handlungen und Unterhaltungen der Studierenden, die ein unkompliziertes Folgen des Dozenten unmöglich machte. Das provozierte eine entsprechende Verhaltensweise seitens des Dozenten, die sich in unzählige Ermahnungen, Hinweise und Unterbrechungen äußerte, um ein Mindestmaß an Ruhe zu generieren. In Folge dessen blieben mehr und mehr Studierende der Veranstaltung fern und das über den einen gewährten Fehltermin hinaus. Um sich definitiven Sanktionen zu entziehen, ließen besagte Studierende ihre Unterschrift durch andere Kommilitonen fälschen. Es entstand ein zutiefst verzehrtes Bild auf beiden Seiten. Der Dozent hatte am Ende der Veranstaltung eine nahezu vollständig bestückte Liste mit Unterschriften, jedoch war es offensichtlich, dass Studierende gefehlt haben müssen, denn der Hörsaal war erkennbar leerer. Die Studierenden wiederum spekulierten jedes Mal wie viele Kommilitonen wohl fehlen würden und ob die eigene Abwesenheit in der Masse untergehen würde. Es grenzte an einem klassischen Spiel zwischen Katz und Maus. An dieser Stelle kann man die Vermutung äußern, dass dieses Konstrukt und Verhältnis, das sich selbst geschaffen hat, wohl bis zum Ende des Trimesters bestand gehabt hätte, ohne dass jemand hätte intervenieren müssen. Jedoch bedingte ein Umstand der sich trotz der fehlenden Studierenden nicht abstellen ließ, dass der Dozent handeln musste. Obgleich die Zahl der Anwesenden schrumpfte, versiegte der Lärmpegel nicht und es war für den Dozenten Herrn Keller unmöglich, die Vorlesung in normaler Lautstärke zu halten und gleichzeitig zu gewährleisten, dass alle Interessierten die notwendigen Informationen mitbekamen. Das veranlasste ihn über die bisher getätigten Schritte (Ermahnungen, Unterbrechungen, Hinweise, etc.) hinweg, eine neue Lösung zu suchen, um dem Problem Herr zu werden Diese fand er sehr schnell und zugleich auch noch unkonventionell im direkten Vorgesetzten der Studierenden seiner

---

[25] Name geändert.

Vorlesung. Er bediente sich an dieser Stelle bewusst dem militärischen Apparat, da dieser wesentlich wirksamere Mittel zur Intervention zur Verfügung hat.

Das Resultat dieser Hinwendung war, dass sich der Vorgesetzte in die Vorlesung begab um festzustellen welche Studierenden unerlaubt abwesend sind und was diese störende Geräuschkulisse verursachte. Die Anwesenheit des Vorgesetzten blieb verständlicherweise nicht unentdeckt, auch wenn er keine exponierte Sitzposition innehatte. Unmittelbare Konsequenz in der Vorlesung war eine bisher noch nicht dagewesene Ruhe. Die längerfristige Konsequenz war, dass in den nächsten Vorlesungen die Ränge wieder so voll wie zu Beginn waren, da die Studierenden wieder teilnahmen. Der Vorgesetzte konnte aufgrund von vielerlei Verpflichtungen nicht in den jede der weiteren Sitzungen zugegen sein, dennoch bewirkte die Ungewissheit über diesen Zustand, dass bis zum Ende des Trimesters die Vorlesung wieder gut besucht war und die Geräuschkulisse sich in einem gewissen erträglichen Rahmen bewegte, die Rückkehr dieses Phänomens konnte aber nicht gänzlich verhindert werden.

Eine endgültige Lösung für beide Probleme wurde bis zuletzt nicht gefunden und das Überwinden dieser war nichts anderes als ein profanes Aussitzen dessen, was anscheinend in dieser Begebenheit als unvermeidbar schien.

6.3 Beispiel 3 - „Der unsägliche Dozent"

Das folgende Beispiel behandelt eine Verbindung aus Gremienarbeit und Vertretung studentischer Interessen. Ausgangspunkt war ein Seminar im Bereich der ISA[26], welches zum ersten Mal angeboten wurde und bei den Studierenden ein erhebliches Interesse weckte. Das führte dazu, dass der Kurs völlig ausgelastet und sogar zum Teil auch überbelegt war. Der Dozent Herr Dost wiederum war, ähnlich wie beim ersten Beispiel, bei den Studierenden völlig unbekannt. Er dozierte zugleich auch das erste Mal an der HSU. In diesem Zusammenhang kann man also von völliger Unbefangenheit sprechen, was die üblichen Vorgehensweisen, Voreingenommenheiten und Verfahrensmuster betrifft.

Im Laufe des Seminars kristallisierten sich sehr schnell, zum Teil noch in der ersten Veranstaltung, massive Probleme heraus. Die Seminare begannen grundsätzlich mit einer Verspätung von 15–45 Minuten, was auf Seiten der Studierenden für erheblichen Unmut sorgte. Nicht aufgrund der Tatsache das Seminarzeit verloren geht, da dieser Umstand ja auch ein ganz entspannender sein kann, sondern vielmehr weil die Willkür der Ankunft dazu führte, dass diese Vakanzen nicht planerisch optimal durch die Studenten ausgenutzt werden konnten. An dieser Stelle kann man ganz klar von angestrebtem Opportunismus reden, der unter den gegebenen Umständen aber nachvollziehbar ist. Neben den akuten Verspätungen war ein weiteres Problem die sich anschließende Planung und Überprüfung der Teilnehmer. Bei jeder Veranstaltung gingen nochmals mindestens 20 Minuten verloren, weil der Dozent persönlich die Anwesenheit aller Teilnehmer kontrollierte. In Hörsaalstärke dauert dies entsprechend lange. Zudem musste bzw. wollte er fast immer noch einige Anmerkungen bezüglich der Prüfungsleistungen und der weiteren Seminargestaltung machen, was ebenfalls mit Zeitverlust einherging. Das wurde nur noch übertroffen durch das Fehlen eines roten Fadens in der inhaltlichen Ausrichtung. Dies äußerte sich darin, dass zwischen den einzelnen Themengebieten hin und her gesprungen wurde und das in einer Vehemenz, die eine Verbindung der Teilgebiete unmöglich machte. Zumeist passierten diese Sprünge innerhalb eines Seminars, was es unglaublich schwierig machte dem Dozenten zu folgen und eine eigene Systematik zu kreieren bzw. ein Muster zu generieren welches den Lehrintentionen des Dozenten folgt. Versuche mit dem Dozenten zu sprechen scheiterten durchweg. Herr Dost war von seiner Methodik und Didaktik überzeugt und suchte zumeist die Probleme in den Reihen der Studierenden, die sich nicht genug engagieren würden und eher störend als konstruktiv in den Veranstaltungen wirken. Der Ton den der Dozent dabei häufig anschlug,

---

[26] Interdisziplinäre Studienanteile

war sehr bestimmend und rigoros, teilweise sogar sehr uneinsichtig. Diese Einschätzung wurde durch die Tatsache unterstrichen, dass der Dozent vor seiner wissenschaftlichen Zeit bereits eine Karriere beim Militär hinter sich gebracht hatte.

In der Folge der beschriebenen Unzulänglichkeiten wechselten viele Studierende, auch teilweise schon verspätet, den Kurs. Dass sie damit eventuell ein Trimester im Bereich der ISA verlieren würden, da sie in anderen Kursen schon zu viel verpasst hatten und nicht mehr aufgenommen werden konnten, war dabei oftmals kein Hindernis. Der Ärger über die bestehende Situation war zu groß, als dass sie nur um der Punkte Willen dabei geblieben wären. Solch ein konsequenter Schritt spricht für sich, muss es doch bedeuten, dass erhebliche Probleme vorliegen, wie aufgezeigt wurde.

Für die verbliebenen Teilnehmer des Seminars gingen die Probleme aber noch weiter. Obgleich der Dozent zu Beginn ausgiebig kommuniziert hatte, welche Prüfungsleistungen und -anforderungen er stellt, veränderte er diese inmitten des laufenden Trimesters. Dabei stiegen die Anforderungen, speziell im Bereich der abschließenden Ausarbeitung, enorm an. Das sorgte für solchen Unmut bei den Studierenden, dass sie die Initiative ergriffen und sich bei dem Modulverantwortlichen für den Kurs beschwerten. Dieser konnte gewisse Entscheidungen rückgängig machen und den Umfang der Prüfungsleistungen begrenzen, jedoch war das Aktionspotenzial der Teilnehmer an dieser Stelle schon soweit gereicht, dass die Studierendenvertretung mit einbezogen wurde. Die grundlegende Forderung wurde klar artikuliert und zielte darauf ab, dass der entsprechende Dozent keine weiteren Lehraufträge an der HSU erhält, damit weiteren Studierenden solche Willkür und schlechte Lehre erspart bleibt. Unterstützt von den Meinungen und Schilderungen der Betroffenen wurde ein Papier verfasst, welches die kritischsten Punkte aufarbeitete und welches als Diskussionsgrundlage für die Forderung dienen sollte. Das zuständige Gremium, das sich damit befassen musste, war der ISA-Beirat, der die Entscheidung zu fällen hatte, ob eine weitere Beschäftigung zu rechtfertigen ist oder nicht. Besagter Beirat hörte in einer der Sitzungen zum ersten Mal von den Vorfällen und war infolge dessen völlig unvoreingenommen. Die durch die studentischen Vertreter vorgebrachten Begründungen und Beispiele konnten jedoch aufgrund ihrer Brisanz nicht abgetan werden. Das Erstaunen ob solch grotesker und schlechter Lehre und Führung einer Veranstaltung sorgte auch bei den Beiratsmitgliedern für Unverständnis. Die Entscheidung, den Dozenten nicht mehr mit weiteren Lehraufträgen auszustatten, fiel einstimmig.

6.4 Beispiel 4 - „Unbezwingbare Dozenten"

Ein weiteres Beispiel generiert sich aus der Arbeit der Studierendenvertretung und den Problemen, die beständig durch die Studenten an diese herangetragen wurden. Ein folgenreicher Fall beschäftigte sich mit zwei Klausuren und einem desaströsen Abschneiden der Studierenden im Erstversuch. Zudem war die Zahl derjenigen, die durchgefallen waren, überdurchschnittlich hoch.

Ausgangspunkt hierfür waren zwei Veranstaltungen, spezieller zwei Vorlesungen, im Rahmen derer als Prüfungsleistung eine Klausur geschrieben wurde. Bereits nach dem unmittelbaren Klausurtermin gab es ein massives Beschwerdepotenzial auf Seiten der Studierenden, da diese von der Schwierigkeit der gestellten Aufgaben völlig überrascht waren und sich folglich unfair behandelt fühlten. Einige Betroffene suchten an dieser Stelle bereits den Weg zur Studierendenvertretung, um sich diesbezüglich Gehör zu verschaffen. Damit verbunden kündigten Studierende an, sie würden weitere Schritte ergreifen wollen, sollte das Ergebnis so schlecht ausgefallen sein, wie es erwartet wurde, da die meisten Aufgaben nicht gelöst werden konnten. Die Selbsteinschätzung diesbezüglich war mehr als zutreffend, denn die meisten hatten den ersten Versuch nicht bestanden. Das gilt für jeweils eine der Klausuren bzw. im Falle von einigen für beide. Wie angekündigt war die unmittelbare Konsequenz ein neuerliches Aufbegehren der Durchgefallenen. Zahlenmäßig waren sie aber stärker vertreten als zuvor, als das Ergebnis noch nicht fest stand. Als Reaktion wurde die Bitte an die Studierendenvertretung herangetragen, sich dieser Angelegenheit anzunehmen. Auf dieser Grundlage wurde zunächst ein umfassendes Meinungsbild bei den Betroffenen eingeholt, um herauszuarbeiten, welche Problematiken wirklich akut sind und wo die eigentlichen Probleme liegen. Das Resultat war ein umfassendes Positionspapier, welches die Punkte der Studierenden zusammenfasste und fokussierte. Mit dieser Grundlage stellte sich aber die Frage, wie eine Intervention aussehen könnte und wie mögliche Lösungsstrategien gestaltet sein könnten. Im Sinne der Studierenden sollte es dahin gehen, dass der zweite Versuch fairer, oder in ihren Worten „einfacher" gestaltet werden sollte und die Vorbereitung expliziter aussehen müsste. Mit diesen Forderungen ist die Studierendenvertretung an die betreffenden Dozenten herangetreten, mit der Bitte um eine eingehende Erläuterung der Zusammensetzung und Konzipierung der Klausuren sowie den Umfang der Vorbereitung der Studierenden auf diese. Die Rückmeldung erfolgte prompt und detailreich. Beide Dozenten schlüsselten genau auf, welche Aufgaben in den Klausuren vorkamen und wie die Vorlesung bzw. die Übung darauf vorbereitet hatten. Zudem konnten sie Angaben machen, welche Teile des Skripts für die Lösung der Klausur wichtig waren. Alles in allem also eine umfassende Erklärung wie die Klausuren zu bestehen waren. Mit diesen eingehenden Begründungen war die Diskussions- bzw. Beschwerdegrundlage für die Studierenden massiv geschrumpft, wenn nicht sogar völlig verschwunden. Die Dozenten merkten zudem an, dass nur eine geringe Anzahl der eigentlichen Teilnehmer wirklich die Vorlesungen und Übungen besuchen würde. Daraus ergab sich für die Dozenten das Verständnis, dass die Klausuren nicht bestanden werden, weil das notwendige Wissen gar nicht angeeignet werden konnte. Dieser Tatsache gewahr, gelangten viele der Betroffenen dennoch nicht zur Einsicht. Vielmehr echauffierten sie sich noch mehr über die getroffenen Aussagen und nahmen die eingehende Begründung, die die Klausuren rechtfertigte, nicht an. Als nächsten Schritt sahen sie dann eine Beschwerde bei einer höheren Instanz, in diesem Fall beim Wehrbeauftragten, als erforderlich an. Diesen Weg hat die Studierendenvertretung nicht mehr unterstützt, da zum einen die notwendige Beschwerde an den Präsidenten der Universität hätte gerichtet werden müssen und zum anderen die Erläuterungen der Dozenten lückenlos sind und die Studierenden sich selber in einem gewissen Maße in diese Situation gebracht hatten, da sie im Vorlauf gar nicht die Vorlesungen und Übungen besuchten. Die Eingabe an den Wehrbeauftragten fand trotzdem ihre Befürworter und zeitnah auch ihren Weg an die entsprechenden Stellen.

Das Ergebnis dessen war für die Studierenden dennoch enttäuschend, denn der Wehrbeauftragte konnte keine unmittelbaren Schritte einleiten, dazu fehlte und fehlt ihm auch immer noch die notwendige Zuständigkeit. Wie bereits erwähnt, müssen solche Schritte auf einem verwaltungsrechtlichen Weg erfolgen, den eine Eingabe an den Wehrbeauftragten nicht darstellt. Unmittelbare Konsequenzen in Form von Hinweisen, Zurechtweisungen, Anmerkungen, Sanktionen oder Sonstiges gab es für die Dozenten nicht. Die Studierenden gingen also in die Zweitprüfung, ohne etwas im Sinne ihrer Sache erreicht zu haben.

Im Nachgang fand durch Mitglieder der Studierendenvertretung noch ein Gespräch mit einem der beteiligten Dozenten statt, der seinen Unmut über die Vorgehensweise äußerte und ein tiefes Unverständnis zum Ausdruck brachte. Ohne Anwesend gewesen zu sein in den Vorlesungen und Übungen, so der Dozent, hätten die Studierenden Forderungen gestellt, dass die Klausuren einfacher werden. Das traf auf sehr viel Unverständnis und zugleich auch Ärger, da dieses Verhalten bei den Dozenten als etwas sehr negatives angekommen ist. Schlussendlich blieben die Anforderungen der Klausuren, auch für den nächsten Jahrgang, unverändert.

7. Macht oder Missverständnis – Analyse der Fälle anhand der Machttheorien

Nachdem nun der theoretische Hintergrund abgesteckt ist und die Besonderheiten und Spezifika der Universität, insbesondere der HSU herausgestellt wurden, sollen im Folgenden die rekonstruierten Fälle anhand der Machttheorien analysiert werden. Der Bereich des Erkenntnisinteresses bezieht sich dabei primär auf die Frage, ob die beschriebenen Beispiele mit einem der klassischen Machttheorien erklärt werden können. Ist es möglich, die aufgetretenen Verhaltensweisen und -muster, die eventuell zu Problemen geführt haben, mithilfe der Machttheorien zu erklären, um so zu beweisen, dass zwischen den Dozenten und Studenten Macht gewirkt hat. In Anbetracht der verschiedenen machttheoretischen Ansätze, ist bereits aufgefallen, dass einige Macht nicht als etwas durchweg Negatives begreifen, sondern auch einen positiven, konstruierenden und produktiven Moment darin erkennen. Deswegen soll des Weiteren herausgearbeitet werden, ob bei dem Wirken von Machtkonstrukten lediglich deren negative Aspekte zur Entfaltung gekommen sind oder ob sich ihr Einfluss auch positiv entwickeln konnte. Die dritte Frage der Analyse beschäftigt sich mit der Möglichkeit, dass keines der Machtkonzepte Anwendung auf ein bestimmtes Beispiel findet. In diesem Fall soll versucht werden herauszustellen, was die Vorgänge stattdessen beeinflusst hat und wie die Ursache eventuell aufgetretener Probleme erklärt werden kann. Sollte sich herausstellen, dass die betrachteten Machttheorien für einige Beispiele nicht hinreichend in ihrer Aussagekraft sind, könnte dies die Kreation einer neuen Machttheorie bedeuten, bzw. falls schon existent, die Verwendung einer anderen Theorie, auf die in der vorliegenden Arbeit nicht näher eingegangen wurde.

Das Vorgehen gestaltet sich in der Form, dass auf jeweils ein Beispiel die fünf Machttheorien angewendet werden. Am Ende der Gesamtanalyse stellt sich dann heraus, wie praktikabel die Theorien in der Anwendung auf moderne Vorkommnisse waren.

7.1 Analyse des Beispiel 1

Im ersten Beispiel ging es um ein Seminar, eine Dozentin und eine vertrackte Situation zwischen den beiden Entitäten. Dabei legte die Lehrende nach Ansichten der Studierenden ein extrem striktes und rigides Geflecht aus Regeln vor, deren Einhaltung sie einforderte. Im Rückgriff auf die Studierenden schürte dies einen erheblichen Unmut, der sich in jedem Seminar wieder entlud. Obgleich beide Seiten das gleiche Ziel hatten, nämlich die Schaffung eines idealen Arbeitsumfeldes um möglichst viel von dem Seminar zu lernen, kamen die konträr laufenden Interessen – Einhaltung der Regeln auf Seiten der Dozentin und Lockerung eben dieser auf Seiten der Studierenden – auf keinen Nenner. Ergebnis war ein als eher fruchtlos zu betrachtendes Seminar, an dessen Ende zwei enttäuschte und durch Unmut geprägte Entitäten verblieben.

In Anlehnung an Webers Machtkonzeption muss zunächst betrachtet werden, mit welcher Ausgangslage hier gearbeitet wird. Es handelt sich dabei eindeutig um eine soziale Beziehung zwischen dem Seminar und der Dozentin. Da Weber keine Quantitäten für diese sozialen Beziehungen ins Feld führt, bleibt sein Machtkonzept zur Erklärung möglich. Geht man nach dem Schema, das sich im Abschnitt 3.1 finden lässt, dann handelt es sich hier um eine soziale Beziehung in der es widerstrebende Willen gibt. Ein Machtverhältnis liegt nach Weber genau dann vor, wenn eine der beiden Seiten der Beziehung seinen Willen durchsetzen kann. In dieser Durchsetzung befindet sich der Machtmoment.

Auf das Beispiel bezogen hätten dafür die Studierenden, den Regularien zustimmen müssen, indem sie diese befolgt hätten, oder die Dozentin hätte der Forderung der Studierenden nachgehen müssen und die aufgestellten Regeln locker müssen. Keine der beiden Möglichkeiten ist jedoch eingetreten. Jedes Seminar war weiterhin von Spannungen geprägt, weil keine der beiden Seiten auf die Forderungen der anderen eingehen wollte. Formal betrachtet bedeutet dies also, dass man in diesem Fall nicht mit Weber argumentieren kann.

Denkt man das Machtkonzept von Weber weiter und beachtet die eher geringfügige Bedeutung, die er ihr beigemessen hat, dann rücken die Annahmen über die Herrschaftsformen in der Vordergrund. Im weitesten Sinne ließe sich der Aspekt der traditionalen Herrschaft auf die Dozentin anwenden. Diese herrscht aufgrund einer Würde, die sich durch die Tradierung althergebrachter Werte legitimiert. Nimmt man diese Form an, dann begründet sich der Unwille der Studierenden auf der Tatsache, dass die Herrscherin außerhalb ihres möglichen Verfügungsrahmens versucht zu agieren.

Mit dem Ansatz von Elias muss von vornherein angenommen werden, dass sich in diesem Miteinander Macht befindet. Grund dafür ist die Annahme von Elias, dass sich in jeder Beziehung zwischen Personen oder Gruppen, Machtpotenziale entfalten. Entscheidend ist dabei ihre Verteilung, denn je nach dem welche Seite abhängiger ist, bedeutet dies, dass die andere Seite mehr Macht besitzt. Die Machtbalance die Elias beschreibt, kann sich demnach aber auch verschieben. Mithilfe der Akkumulation von Machtmitteln, können sich die Abhängigkeiten ändern und somit zu einem anderen Verhältnis führen.

Auf das Beispiel bezogen kann die Machtbalance so beschrieben werden, dass die Dozentin zunächst mehr Machtmittel besaß und demnach auch mehr Macht. Ihr Status in der Universität als Lehrkraft, genauso wie weitreichendere Befugnisse als die der Studenten (Notengebung, Hausrecht, etc.), haben diese Balance konstituiert. Sie trachtete wahrscheinlich eher unbewusst danach, dieses Potenzial zu vergrößern, indem sie besagte Regularien zu Grunde legte. Ab diesem Punkt begann sich das Verhältnis zu ändern, denn die Studenten machten ihrerseits von Machtmitteln Gebrauch (Kollektive Weigerungshaltung, Nichtbeachtung der aufgestellten Regeln). Dies führte dazu, dass die Verteilung der Machtressourcen am Ende eher als ausgeglichen zu betrachten ist. Demnach besaß keine der beiden Seiten ein höheres Machtpotenzial, das auf die andere hätte wirken können. Bzw. wenn dieses Potenzial da war, hat keine der beiden Seiten es zur Wirkung gebracht. Dieser Punkt bleibt jedoch unbeantwortet.

Nach Elias handelt es sich hierbei also um eine von Macht ‚beseelte' Pattsituation.

In Luhmanns Betrachtung von Machtverhältnissen als losgelöst von Personen und Gruppen, kommt der Kommunikation allein das Machtpotenzial zu. Der Mitteilende erwartet von dem Empfänger der Mitteilung eine ganz bestimmte Handlung, nämlich dass dieser die geforderte Handlung des Mitteilenden vollführt. In diesem Sinne ist Macht die Steigerung der Wahrscheinlichkeit des Eintretens der geforderten Handlung. Dabei ist es dem Machtunterworfenen überlassen, ob er die von ihm geforderte Handlung vollführt oder nicht. Weil die Kommunikation mächtig ist, legt sie dem ‚Unterworfenen' nahe, diese anzunehmen. Gleichzeitig wird der Machthabende motiviert, mächtig zu kommunizieren, weil er so die Annahme durch den Machtunterworfenen erwartbar macht.

Auf das Beispiel bezogen bedeutet dies, dass die Dozentin mit der Aufstellung der Regeln (Kommunikation), deren Annahme eingefordert hat. Die Ablehnung durch die Studierenden, den Machtunterworfenen, beweist, dass die erwartete Verhaltensweise nicht eingetreten ist und demnach auch nicht von Macht gesprochen werden kann.

Legt man zu Grunde, dass Foucault Macht als ubiquitär bezeichnet, ergibt sich dieselbe Ausgangslage wie bei Elias, der in jeder sozialen Beziehung Macht verortet. Als allumfassendes Konstrukt befindet sich Macht also in jedem Verhältnis. Die Akteure in diesen Verhältnissen verfolgen mit ihren Handlungen immer ein Ziel, sie verhalten sich also intentional. Zur Durchsetzung ihrer Ziele bedienen sie sich verschiedener Machtmittel, die dinglich sein können, wie zum Beispiel Waffen, aber auch wesentlich abstrakter, wie zum Beispiel das Vorhandensein von entsprechenden Wissensbeständen. In der Nutzung und Durchsetzung der Macht mithilfe der Machtmittel sieht Foucault also die Möglichkeit einer Abstufung der Effizienz der Durchsetzung. Nicht jedes Mittel ist probat, um das Ziel zu erreichen.

Auf das Beispiel angewendet bedeutet dies, dass das Verhältnis grundsätzlich von Macht geprägt ist. Ob diese Macht aber auch umfassend umgesetzt werden kann und das erwartete Eintreten der geforderten Handlung erfolgt, ist abhängig davon, wie effektiv die Macht eingesetzt wird. Da die Studierenden die Befolgung der Regularien verweigern, kann von keinem effektiven Einsatz der Macht gesprochen werden. Anders als bei Luhmann spricht Foucault dem Verhältnis aufgrund des Scheiterns aber nicht das Vorhandensein eines Machtpotenzials ab.

Arendts Vorstellung von Macht begründet sich auf dem Potenzial eines Kollektivs oder einer Gruppe. Nur in dieser kann Macht vorhanden sein. Ein Einzelner ist niemals mächtig. Macht in der Gruppe ist demnach nur solange existent wie die Gruppe auch zusammenhält. Arendt spricht in diesem Zusammenhang von der temporären Weitergabe bzw. Zuschreibung der Macht. Das Kollektiv stattet eine Person mit der benötigten Macht aus, um in ihrem Namen zu handeln. Entzieht die Gruppe dieser Person wieder dieses Recht, besitzt sie auch keine Macht mehr.

Für das Beispiel muss daher angenommen werden, dass die Verbindung aus Dozentin und Seminar als Gruppe betrachtet werden kann. In ihrer Funktion als Lehrende, statteten die Studierenden sie mit der nötigen Macht aus, das Seminar zu führen. Diese Macht kann zum Beispiel der Respekt der Studierenden sein, gewisse Regularien einzuhalten, damit ein störungsfreier Seminarablauf möglich ist. Als die Dozentin jedoch versuchte ihre Vorstellungen von Regelhaftigkeit zu implementieren, entzogen die Studierenden ihr wieder das Machtpotenzial. Das Resultat war ein stark beeinträchtigter, unfruchtbarer Seminar-verlauf.

Am Ende bleiben effektiv also nur zwei Theorien als Erklärungsgrundlage übrig. Der Ansatz von Elias wird unberücksichtigt gelassen, weil die entstandene Pattsituation keine klare Abgrenzung zulässt. Vielmehr sind die Überlegungen und Annahmen von Foucault und Arendt zielführend. Im Verständnis von Foucault spielt die nicht eingetretene, erwartete Handlung keine Rolle wenn es darum geht, ob Macht grundsätzlich vorhanden ist oder nicht. In diesem Fall wurde lediglich das Potenzial nicht vollends ausgeschöpft.

Arendts Ansatz betrachtet ein ganz anderes Verhältnis, das jedoch ebenfalls zuträglich ist, wenn es um die Machtfrage geht. Das Seminar und die Dozentin als Gruppe betrachtet, wurden Machtpotenziale abgegeben und im späteren Verlauf wieder zurückgenommen. Das beweist im Sinne Arendts die Existenz von Macht.

7.2 Analyse des Beispiel 2

Ähnlich wie im ersten Beispiel ging es auch bei der zweiten Begebenheit zunächst um einen Dozenten und seine Studierenden, die dieses Mal aber eine Vorlesung besuchten und demnach auch zahlenmäßig durchaus stärker vertreten waren. Im Laufe der Vorlesung kam es dazu, dass zum einen der Geräuschpegel ständig in das Unerträglich und Unzumutbare stieg und zum anderen die Zahl derer, die die Vorlesung besuchen ständig schrumpfte. An letztgenannter Situation wollte der Dozent nichts ändern. So kann zumindest dass Nicht-Intervenieren verstanden werden. Gegen die Geräuschkulisse versuchte er im jeweiligen Augenblick durch Ermahnungen und Drohungen Ruhe zu produzieren. Genau das erwies sich aber als nicht möglich und veranlasste ihn in letzter Konsequenz dazu, den militärischen Vorgesetzten mit seinen Problemen zu betrauen. Das führte zur Wiederbevölkerung der Vorlesung und zu einem Geräuschpegel mit dem sich zumindest ansatzweise arbeiten ließ.

Für die folgenden Betrachtungen mithilfe der verschiedenen Machttheorien, ist es notwendig und nur zielführend, die Begebenheiten in zwei Abschnitten zu betrachten. Der erste Abschnitt verläuft unmittelbar bis zu dem Moment, bevor der militärische Vorgesetzte benachrichtigt wurde. Der zweite Abschnitt beginnt folgerichtig genau ab diesem Moment.

Webers Machtbegriff benutzend lässt sich feststellen, dass der Dozent im ersten Abschnitt sämtliche Chancen (Ermahnungen und Drohungen) genutzt hat, um seinen Machtanspruch in der sozialen Beziehung, die er zu seinem Auditorium hat, zur Geltung zu bringen. Das lässt sich zumindest für die Regulierung der Geräuschkulisse sagen. Bezüglich der unerlaubten Abwesenheit von einigen Studierenden ist er tatenlos geblieben. Für den Versuch der Eindämmung des Geräuschpegels lässt sich mit Weber attestieren, dass kein Machtverhältnis vorhanden war, denn der Dozent konnte seinen Anspruch nicht durchsetzen. Mithilfe der Schematik aus Abschnitt 3 fällt die Thematik der Abwesenheit in den Bereich von nicht widerstrebenden Interessen. Als solche kann die Tatsache, dass er diesbezüglich (Abwesenheit) nicht eingeschritten ist, betrachtet werden.

Dieser Zustand ändert sich, sobald der Dozent den militärischen Vorgesetzten kontaktiert. Seine ursprüngliche Forderung, nach einer angemessenen Geräuschkulisse wird Folge geleistet. Zudem steigen auch die Teilnehmerzahlen der Vorlesung wieder, obgleich das nicht im Bereich der Forderungen lag. Der Dozent hat eine ihm eigentümliche Chance genutzt, um seinen Willen durchzusetzen und dies auch erfolgreich umgesetzt. Demnach lässt sich hier eindeutig vom Vorhandensein von Macht sprechen.

Mit Elias Machtbegriff zieht wieder die grundsätzliche Präsenz von Macht in das Beziehungsgebilde ein. In der Interaktion zwischen Dozent und Studierenden besteht also von vornherein ein gewisses Machtpotenzial. Ähnlich wie im ersten Beispiel geht es auch hier um den Grad der Abhängigkeit. Um der Thematik zu folgen, muss Ruhe herrschen, das wiederum Macht das Auditorium vom Dozenten abhängig und verleiht ihm Macht. Da sich die Studierenden aber anscheinend – und das beinhaltet definitiv keine Generalisierung mit Bezug auf das Meinungsbild der Studenten – dazu entschieden haben, dass der Inhalt der Vorlesung nicht in ihrem engeren Kreis des Interessanten liegt, nutzten sie, wahrscheinlich zum Teil auch unbewusst, die Macht des Kollektiven und produzierten eine störende Geräuschkulisse. Dies wurde nur noch durch die Abwesenden auf die Spitze getrieben, die sich dem Umfeld der Vorlesung völlig entzogen. Die Machtbalance war auf einem Level, das wieder als Pattsituation beschrieben werden kann.

Verschieben sich die Ressourcen, also Machtmittel, so verschiebt sich auch die Machtbalance. In diesem Beispiel ist die entscheidende Umlagerung der Mittel durch den Vorgesetzten als Additiv auf Seiten des Dozenten zustande gekommen. Dadurch verschob sich die Balance zu Gunsten des Dozenten und er konnte seine Forderungen durchsetzen. Demnach lässt sich auch in diesem Fall von einem vorhandenen Machtpotenzial sprechen.

Luhmann folgend kommunizierte der Dozent seine Forderungen an die Vorlesung. Die von ihm geforderte Handlung bestand darin, den Geräuschpegel zu senken. Das Scheitern seiner erwünschten Handlung drückt nach Luhmann die Tatsache aus, dass keine Macht vorhanden war. Seine mächtige Kommunikation hatte also nicht genug motivationalen Charakter. Er konnte die Wahrscheinlichkeit des Eintretens der geforderten Handlung nicht genügend steigern.

Auch hier liegt die Wende der Ereignisse bei dem Wendepunkt, sprich der Berücksichtigung des militärischen Vorgesetzten. Der Dozent erneuerte seine Forderung und unterstützte sie mit einem neuen Mittel zur Motivation, nämlich den Vorgesetzten. Die Erwartungshaltung, dass seiner Forderung mit dem neuen motivationalen Faktor nachgekommen wird, motivierte den Dozenten zur Benutzung der mächtigen Kommunikation.

Mit Foucault argumentierend muss herausgestellt werden, dass Macht etwas allumfassendes und ubiquitäres ist, wodurch, ähnlich wie bei Elias, die Situation bereits von Macht durchzogen ist. In der Erreichung seines Zieles, der Ruhe in der Vorlesung, bediente sich der Dozent verschiedener Instrumente und Machtmittel. Der Erfolg blieb jedoch aus, und die Erwartungshaltung wurde nicht erfüllt. Nach Luhmann und seinen verschiedenen Graden der Verfestigung von Macht, ist diese zwar vorhanden, im vorliegenden Beispiel aber auf einem eher niedrigen Level verfestigt, was gleichermaßen bedeutet, dass die Effektivität derselben (Macht) begrenzter Natur ist. Deutlich wird das, weil die Vorlesung weitergeführt wird. Das Machtpotenzial reicht also aus, um temporär für eine Atmosphäre zu sorgen, die dem Lernen zuträglich ist. Auf Dauer ist dies jedoch nicht der Fall.

Mit Beginn des zweiten Abschnitts und dem Hinzufügen eines neuen Machtinstruments, wurde die Erwartungshaltung erfüllt. Das Machtpotenzial verfestigte sich auf einem neuen Level, was sich in gesteigerter Effektivität äußerte. Folglich ist auch mit Luhmann gesprochen, Macht im System.

Arendt verbindet nur das Kollektiv mit Machtverhältnissen. Als solches kann man, wie im letzten Beispiel, die Verbindung der Vorlesung mit dem Dozenten sehen. Das Kollektiv, die Studierenden statten den Dozenten mit der nötigen Macht aus, damit dieser die Vorlesung halten kann. Zu diesem Zeitpunkt wäre das Vorhandensein von Macht im Sinne Arendts nachgewiesen. Schwierig wird es an der Stelle, an der die zu laute Geräuschkulisse die Vorlesung beinträchtigt. Damit entzieht ein Teil des Kollektivs dem Dozenten die Macht, da diese anscheinend nicht an dem Inhalt interessiert sind. Ebenso entziehen diejenigen, die sich aus dem Kollektiv entfernt haben, diesem die Macht. Dennoch bleibt der Dozent, wenn man der Theorie folgt, im Teilbesitz der Macht des Kollektivs. Sie kann aber als geschmälert betrachtet werden.

Der Einfluss des Vorgesetzten hingegen ist ein anderer als Macht. Er wird zwar Teil des Kollektivs, ihm wird aber keine Macht verliehen, denn an ihn werden auch keine Erwartungshaltungen gestellt. Niemand verlangt, dass dieser die Vorlesung leitet. Somit muss der Einfluss den er ausübt mit einem anderen Begriff von Arendt gefasst werden, nämlich der Autorität. Diese bringt die Studierenden dazu, eine angemessene Lautstärke zu wahren und wieder zahlreich zu erscheinen. Offen bleibt, ob dieser Prozess wiederum mit der Verleihung des vollen Machtumfangs beschrieben werden kann, da er extern ausgelöst wurde und nicht durch die Interaktion des Kollektivs hervorgebracht wurde. Macht im Sinne Arendts lässt sich hier also nur bedingt nachweisen.

Vier der Theorien weisen, obgleich doch teilweise unterschiedlich, Machtpotenziale im Beispiel nach. Lediglich Arendts Machtbegriff kann keinen umfassenden Anspruch erheben. Entscheidend und mit unverkennbarem Einfluss bei diesem Beispiel, war der zweite zu betrachtende Abschnitt, also das Auftauchen des militärischen Vorgesetzten als eine Art Deus ex Machina. Wenn man diese auch als Bedingung zu beschreibende Tatsache weglässt, dann wäre lediglich Elias Machtkonstrukt hinreichend gewesen um ein Machtpotenzial auszumachen. An allen anderen Theorien wäre dieses Beispiel gescheitert, bzw. hätten keine Machtprozesse ausgemacht werden können. Mit der Einführung der Bedingung änderten sich die Verhältnisse und folglich auch das Vorhandensein von Macht.

7.3 Analyse des Beispiel 3

Der Ursprung dieses Beispiels ist ähnlich gelagert wie beim ersten Fall. Der Dozent ist gänzlich neu an der Universität und die Studierenden, genauso wie der Lehrende, können nur völlig unvoreingenommen an die Sache herangehen. Diese Unvoreingenommenheit hat sich sehr schnell in Frust und Unmut über den Dozenten umgekehrt. Vielerlei Gründe, wie zum Beispiel die unbegründete Umstrukturierung der Prüfungsleistungen inmitten des laufenden Trimesters zu Ungunsten der Studierenden, führten dazu, dass ein nicht unerheblicher Teil das Seminar verließ. Für den verbleibenden Teil besserten sich die Bedingungen aber nicht, auch weil bis zum Ende der Output für die Studierenden, also das was sie gelernt haben, eine unerhebliche Größe hatte. Schuld daran war die nicht vorhandene Lehrstruktur und ein permanentes Springen durch die Themengebiete. Resultat des Verdrusses auf Seiten der Studierenden war eine gemeinsame Aktion mit der Studierendenvertretung. Die Konsequenz dieser Bemühungen ist die Tatsache, dass der Dozent keine weiteren Lehraufträge für die Universität erhält und demnach auch nicht mehr an der HSU lehren darf.

In Anlehnung an das zweite Beispiel ist auch hier eine Einteilung und Betrachtung in verschiedene Abschnitte sinnvoll. Dabei geht der erste Abschnitt bis kurz vor den Moment, als die Studierenden des Seminars die Initiative ergriffen und zusammen mit der Studierendenvertretung etwas gegen diese Belastung unternahmen. Der zweite Abschnitt setzt folglich bei genau dieser Initiative an. Der zweite Abschnitt kann zudem nochmals unterteilt werden. Dabei wäre als weitere Trennlinie das Seminarende zu betrachten. Bis dahin konnten die Studierenden lediglich einen Teilerfolg erringen. Die letztendliche Konsequenz konnte erst nach Beendigung des Seminars erreicht werden. Wo diese Unterteilung zielführend in der Analyse ist, soll sie zum Tragen kommen.

Mit Webers Machttheorie müssen die einzelnen Vorgänge etwas ausdifferenzierter betrachtet werden. Das ständige Zuspätkommen des Dozenten, seine Eigenheiten bei der Feststellung der Anzahl der Seminarteilnehmer, die sich wiederholende Klärung der Prüfungsmodalitäten, die Sprunghaftigkeit und die unerwartete Veränderung der Prüfungsleistungen zum Nachteil der Studierenden, war der Wille des Dozenten. In der sozialen Beziehung mit dem Seminar hat er seinen Willen artikuliert und zudem durchgesetzt. Gegen das Zuspätkommen waren die Studierenden machtlos. Die Behandlung der Thematik konnten sie ebenso wenig beeinflussen. Gespräche, sprich der formulierte Wille der Studierenden, blieben ohne

Auswirkungen. Diejenigen, die das Seminar verließen, entzogen sich diesem Willen. Für den Rest gilt, dass sie der Macht des Dozenten ausgesetzt waren, weil der Wille der Studierenden ein widerstrebender war.

Diese Situation kehrte sich im Abschnitt zwei um. Die soziale Beziehung war immer noch dieselbe ebenso wie die widerstrebenden Willen, dennoch konnten die Studierenden während des Seminars einen Teil ihrer Forderungen durchsetzen und nach Beendigung desselben, das letzte Anliegen, nämlich den Ausschluss von weiteren Lehrveranstaltungen, komplett umsetzen. Damit hat sich das Machtgefüge komplett gewandelt. Da die Studierenden ihren Willen durchsetzen konnten, besaßen sie am Ende die Macht.

Machtpotenziale aufgrund von Abhängigkeiten, wie Elias sie beschreibt, lassen sich bei dem Beispiel auf Seiten des Dozenten finden. Er kann diese zur Geltung bringen, weil er in der Interaktion mit den Studierenden die Möglichkeit dazu hat. Diese wiederum sind von ihm abhängig, weil sie ja etwas lernen möchten. Die Machtbalance steht zu Gunsten des Dozenten. Er hat die effektiveren Machtmittel, um seine Position durchzusetzen. Dazu gehört zum Beispiel die Möglichkeit, die Prüfungsmodalitäten ad hoc und ohne Rücksprache oder Rücksicht auf die Studierenden zu ändern. Der Dozent besitzt also bis zu diesem Punkt die Macht. Eine Verschiebung der Balance konnte erst erreicht werden als, ähnlich wie bei dem zweiten Beispiel, die Studierenden sich im zweiten Abschnitt einer neuen Ressource bemächtigten, nämlich der Studierendenvertretung. Sie schufen sich einen instrumentellen Vorteil und besaßen fortan ein größeres Machtpotenzial, das sie auch nutzten. Besonders kommt dies in der nicht mehr stattfindenden Beschäftigung des Dozenten zum Ausdruck.

Dabei muss beachtet werden, dass sich das Machtpotenzial nur verschoben hat und keineswegs von einer der beiden Seiten abgegeben wurde, weil dies laut Elias Theorie nicht möglich ist. In jedem Verhältnis steckt Macht.

Der Dozent bediente sich mächtiger Kommunikationstechniken, denn bis auf diejenigen, die das Seminar verließen, nahmen die restlichen die geforderten Handlungsweisungen an und befolgten sie. Damit war die Motivation durch den Machthaber groß genug, sodass sich die Machtunterworfenen bei der Entscheidung zwischen Annahme und Ablehnung für die Annahme entschieden haben. Damit ist im Sinne des Dozenten Macht vorhanden, da seine Erwartungshaltungen an bestimmte Handlungen der Studierenden erfüllt wurden. Das gleiche versuchten die Studierenden zu Beginn auch, mit der Kommunizierung ihrer Erwartungen.

Der Dozent entschied sich jedoch dagegen und lehnte ab, wodurch den Studierenden auch keine Macht zukam.

Das kehrte sich im zweiten Abschnitt um, als die Hilfe seitens der Studierendenvertretung einsetzte. Einige Anliegen konnte mit dieser neuen Motivation erreicht werden. Die Wahrscheinlichkeit des Eintretens der erwarteten Handlung des Dozenten konnte erhöht werden, weil der Dozent ansonsten Sanktionen befürchten musste. Der motivationale Charakter anzunehmen, war in diesem Fall mit negativen Konsequenzen ausgestattet. Die Macht liegt in diesem Fall auf der Seite der Studierenden. Dies aber auch nur zu einem gewissen Teil, weil nicht alle ursprünglichen Forderungen durchgesetzt werden konnten. Für die letzte Forderung der Studierenden, den Dozenten an der HSU nicht mehr dozieren zu lassen, kann die Theorie von Luhmann keine Anwendung mehr finden. Bei der Kommunikation und den Handlungen geht es immer darum, dass der Machtunterworfene zwischen annehmen und ablehnen entscheiden kann. Diese Entscheidung durfte der Dozent aber nicht selber treffen, sondern ein Gremium. Damit wird die Betrachtung hinfällig.

Der ubiquitäre Charakter der Macht in der Theorie Foucaults konstituiert wiederum die Anwesenheit eines Machtpotenzials für die gesamte Situation. Darüber hinaus konnte der Dozent mithilfe seiner Machtinstrumente seinen Machtanspruch verfestigen. Willkür, Sturheit und Uneinsichtigkeit waren unter anderem einige von ihm benutzte Mittel. Das äußerte sich in einer effektiven Machtausübung gegenüber den Studierenden.

Der Wendepunkt liegt auch hier mit Beginn des zweiten Abschnitts. Die Studierenden bedienten sich neuer Machtmittel und konnten dementsprechend das Machtpotenzial bei sich verfestigen, was zugleich eine Steigerung der Effektivität der Machtausübung zur Folge hatte. Unmittelbare Konsequenz war die Abkehr des Dozenten von einigen seiner Vorhaben, besonders bezüglich der Umgestaltung der Prüfungsmodalitäten. Das letzte Anliegen der Studierenden kann bei Foucault, im Gegensatz zu Luhmann, berücksichtigt werden. Hier bedarf es nicht der Entscheidung des Machtunterworfenen. Es geht lediglich um die Wirkung des einen, auf die Handlungen des anderen. Diese konnten die Studierenden geltend machen und sie verfestigten ihr Machtpotenzial, mit der größtmöglichen Effektivität. Der Dozent darf nicht mehr an der HSU lehren.

Wie bei den ersten beiden Beispielen ist das Kollektiv wieder entscheidend, wenn es um Arendts Theorie geht. Diese ist wiederum charakterisiert von einer Verbindung aus Studierenden und einem Dozenten. Der Unterschied zu Beispiel eins und zwei liegt darin, dass die Studierenden dem Dozenten die Macht nicht wieder entzogen, zumindest nicht sofort, obgleich sie mit der Seminarführung alles andere als einverstanden waren. Eine mögliche Ursache könnte in der Art und Weise des Dozenten liegen, die eingangs beschrieben wurde. Ebenfalls nicht außer Acht darf die ehemalige Karriere als Soldat gelassen werden. In Verbindung mit einem harschen und rigorosen Tonfall beließen die Studierenden die Macht zunächst bei dem Dozenten. Als die Probleme jedoch zunahmen, kippte diese Zustimmung zu dem bisherigen Gebaren des Dozierenden und sie entzogen ihm die Macht. In der Folge und dem Zusammenschluss mit der Studierendenvertretung gaben sie ihre Macht an eben diese ab. Damit muss die Zuschreibung der Machtpotenziale enden, weil alle weiteren Handlungen nicht mehr aus dem Kollektiv zwischen Studierenden und Dozenten heraus passierten, sondern in anderen Verbindungen stattfanden, in denen der Dozent seine Macht abgeben müsste. Da aber nach Arendt ein einzelner keine Macht besitzt, sondern nur das Kollektiv, findet ihre Theorie im weiteren Verlauf keine Anwendung mehr.

In allen fünf Theorien kann von einem Machtpotenzial auf Seiten des Dozenten gesprochen werden. Dies kann aber nur solange aufrecht gehalten werden, bis mit dem Wendepunkt einige Variablen in dem Verhältnis zwischen Studierenden und Dozenten geändert wurden. Danach war die Theorie von Arendt zum Beispiel nicht mehr anwendbar. Das gilt auch zum teil für die Ausführungen Luhmanns mit Bezug auf das Beispiel. Betrachtet man die letzte Forderung der Studierenden und deren Durchsetzung, ist seine Theorie nicht zu gebrauchen, da der Machtunterworfene nicht die Chance hatte, selber zu entscheiden ob er die Handlungsmöglichkeit annimmt oder ablehnt. Für Weber, Elias und Foucault gilt, dass mit dem Wendepunkt sich auch die Machtzuschreibung umkehrte. Lag das Potenzial vorher bei dem Dozenten, verlagerte es sich nun auf die Seite der Studierenden. Ausschlaggebend dafür war die Studierendenvertretung, die als Machtmittel bzw. Ressource eingesetzt wurde.

7.4 Analyse des Beispiel 4

Der letzte zu betrachtende Fall handelt von einer Gruppe Studierender, die bei zwei Klausuren extrem schlecht abgeschnitten haben. Die Ursache für dieses Ergebnis suchten diese in der Komplexität und Schwierigkeit der Aufgabenstellungen, also im Werk der Dozenten. Dies zu Grunde legend baten sie die Studierendenvertretung um Hilfe, damit für den Zweitversuch genauso wie für weitere Klausuren der Grad der Schwierigkeit angepasst wird; im Sinne der Studierenden also gesenkt. Die Dozenten konnten anhand ihrer Seminar- und Vorlesungsgestaltung belegen, dass der Fehler bei den Studierenden zu suchen ist, die nämlich die Angebotenen Lehrinhalte nicht wahrnehmen würden. Dies veranlasste wiederum die Studierenden weitere Instanzen mit der Angelegenheit zu betrauen, um zu einem für sie wohlwollenden Ergebnis zu gelangen. Das war bis zum Schluss, der an dieser Stelle durch die erste Nachschreibeklausur markiert wird, nicht der Fall.

Im Sinne Webers und der sozialen Beziehung der Dozenten zu den Studierenden, kann an der Stelle der ersten Klausur noch nicht von einem Machtverhältnis gesprochen werden, da die Durchführung derselben nicht gegen das Widerstreben der Studierenden durchgeführt wurde.[27] Das Aufbegehren der Studierenden im weiteren Verlauf und die Hinzuziehung der Studierendenvertretung begründen ebenfalls kein Machtpotenzial. Dafür hätte der Wille der Studierenden durchgesetzt werden müssen, dies war aber nicht der Fall. Vielmehr kann die Reaktion der Dozenten, an der Situation und dem Anspruch der Klausuren nichts zu ändern, als Macht gewertet werden. Der Unwille zur Veränderung beschreibt gleichermaßen die Durchsetzung des eigenen Willens. In diesem Verhältnis kommt also Macht zur Entfaltung. Auch die weiteren Bemühungen der Studierenden, ihren Willen zu etablieren, hatten keinen Erfolg. Das Machtpotenzial blieb demnach ausschließlich auf Seiten der Dozenten verankert.

Die soziale Beziehung, um mit Elias zu argumentieren, war sowieso schon von Macht geprägt. Im Verhältnis gesehen waren die Studierenden aber von den Dozenten abhängig, da erstere die Klausur bestehen wollten, die letztere konstruiert haben. Demnach besteht eine Machtbalance zu Gunsten der Dozenten. Diese Balance wollten die Studierenden mittels Machtmitteln, wie zum Beispiel der Studierendenvertretung, zu ihrem Vorteil verändern. Da

---

[27] An dieser Stelle ließe sich mit der Eventualität argumentieren, dass einige Studierenden grundsätzlich gerne auf Prüfungen verzichten würden und deswegen die Durchführung gegen ihren Willen passiert ist, Macht also durchaus im Spiel war. Da die Studierenden sich aber freiwillig für das Studium und damit auch für alle seine Konsequenzen entschieden haben, kann mehr von selbst aufgezwungener Freiwilligkeit gesprochen werden. Für die weiteren Betrachtungen bleibt die angesprochene Betrachtungsweise damit aber unberücksichtigt.

entsprechende Mittel aber keinen Einfluss auf die Situation hatten, blieb diese Balance unverändert. Auch die weitere Eskalation und die Einführung immer neuer Ressourcen seitens der Studierenden blieben ohne Wirkung auf das angestrebte Ziel. Das vorherrschende Potenzial zur Machtentfaltung blieb damit bei den Dozenten.

Im Sinne der Theorie Luhmanns kann die Aufforderung der Studierenden für eine Anpassung der Prüfungsmodalitäten als Kommunikation gewertet werden, mit dem Ziel das Handeln der Dozenten zu beeinflussen. Mächtig wäre die Kommunikation nur dann, wenn die Studierenden die Wahrscheinlichkeit des Eintretens ihrer geforderten Handlungsweise steigern könnten, die Dozenten also bei der Entscheidung zwischen annehmen und ablehnen sich für ersteres entscheiden würden. Durch die offensichtliche Ablehnung der Dozenten kann in diesem Zusammenhang also nicht von Macht gesprochen werden. Auch die weiteren Versuche der Studierenden blieben erfolg- und machtlos. Weiter kann die Theorie an dieser Stelle nicht reichen. Der Unwille der Dozenten zur Veränderung kann nicht als handlungsveränderndes Handeln gesehen werden. Somit besteht auch keine kommunikative Basis, auf der sich Macht entfalten könnte.

Bei Foucault greift wiederum die Prämisse einer ubiquitären Macht, die alles umfasst. Auf dieser Grundlage wird nur von Verfestigungen der Macht gesprochen und die daraus resultierende Effektivität für den Machthaber. Die Studierenden versuchten ihrerseits mithilfe verschiedener Instrumente und Mittel (Studierendenvertretung, Eingabe an den Wehrbeauftragten) ihre Macht zu verfestigen und die Effektivität im Sinne der Senkung des Schwierigkeitsgrades der Widerholungsklausur zu nutzen. Dieser Versuch war nicht erfolgreich, denn die Machtmittel waren nicht ausreichend um einen effektiven Machtanspruch zu verfestigen. Ein gewisses Machtpotenzial der Studierenden bleibt erhalten, da sie ja auch in der Lage sind und verweilen, neuerliche Machtmittel zu generieren, dennoch blieb der Einfluss beschriebener Optionen ohne jede Wirkung, wodurch das Machtpotenzial auf Seiten der Dozenten zu suchen ist.

Arendts Machttheorie kann bei diesem Beispiel keine Anwendung finden, da sie den Zusammenschluss von mehreren Personen oder Gruppen verlangt, in denen sich dann wiederum Macht manifestieren kann. Da die Aktionen der Studierenden zu keinem Zeitpunkt im Zusammenspiel mit den Dozenten stattfanden, kann auch nicht von Machtverhältnissen zwischen Studierenden und Lehrenden gesprochen werden.

Bei diesem Beispiel können nur drei der Ansätze das Vorhandensein von Macht zwischen Studenten und Dozenten erklären. Die Betrachtungsweisen von Luhmann und Arendt waren für diese Feststellung nicht zielführend. Obgleich der Machtanspruch von Seiten der Studierenden ausging, war das eigentliche Machtpotenzial, sofern man Weber, Elias und Foucault folgt, immer auf der Seite der Dozenten zu finden. Für dieses Beispiel lässt sich dieses Potenzial aber eher als passives beschreiben. Mit Weber gesprochen, war es die Unterlassung einer Handlung (passives Verhalten), die zur Erlangung der Macht führte. Elias geht zum einen grundsätzlich vom Vorhandensein der Macht aus, zudem fanden die Studierenden keine probaten Machtmittel um die Balance zu verändern. Auch hier kann von einer gewissen Passivität gesprochen werden. Ähnliches lässt sich bei Luhmann finden, dessen ubiquitärer Ansatz Macht bereits in jede Beziehung hinein interpretiert. Die von den Studenten verwendeten Mittel zur Verfestigung der Macht waren nicht hinreichend. Das passive Verhalten der Dozenten gereichte ihrerseits zu einer höheren Effektivität und demnach auch Verfestigung der Mittel die sie haben, wodurch ihnen das Machtpotenzial zukommt.

8. Machtverständnis – Ein Schlusswort

Ein Verständnis von Macht zu kreieren, einen neuen Betrachtungswinkel zu eröffnen, war Teil des Anspruches der Analyse, unter der Prämisse dass die vorliegenden Machttheorien in ihrer Aussagekraft nicht hinreichend sind. Dieser Anspruch kam letztlich nicht zur Geltung, weil die Machttheorien nämlich genau das waren, hinreichend bezüglich ihrer Aussagekraft. Die fünf ausgewählten Theoretiker und ihre Ideen bezüglich eines Konstruktes von Macht, konnten die Verhältnisse, die in einer Hochschule zwischen Dozenten und Studenten produziert wurden, erklären. Obgleich aus teilweise völlig unterschiedlichen Ansätzen generiert, vermochten die verschiedenen Theorien dennoch auf ein Beispiel angewendet werden. Daraus ließe sich zum einen schlussfolgern, dass die Aktualität dieser Theorien immer noch gegeben ist und zum anderen, dass die Ansätze dergestalt sind, dass sie ein umfassendes Verständnis von Macht abdecken und mit einschließen.[28]

Ausgangspunkt dieser Arbeit war die folgende Fragestellung: Gibt es ein Machtverhältnis zwischen Dozenten und Studenten und wenn ja wie ist es strukturiert? Falls es eine klassische Ausübung der Macht nicht gibt, wie lassen sich dann auftretende Konflikte und deren Lösungen erklären? Vorne weg ist zu sagen, dass aufgrund der ergebnisoffenen Gestaltung der Beispiele und bei der Auswahl der Theorien davon ausgegangen werden musste, dass es bei einigen Fällen dazu kommen kann, dass keiner der Ansätze passt. Auf dieser Grundlage ergab sich die Bedingung, dass beim Eintreten dieses Falles, die Eventualität einer neuerlichen Machtkonstruktion besteht. Für die vorliegende Arbeit ist dies jedoch nicht notwendig, da, wie bereits gezeigt wurde, jedes der Beispiele mit mindestens einem theoretischen Ansatz ,unterfüttert' werden konnte. Damit bleibt die erste Frage beständig im Raume. Die Analyse hat eindeutig gezeigt, ja es gibt ein Machtverhältnis zwischen Dozenten und Studenten, sofern man die Theorien von Weber, Elias, Luhmann, Foucault und Arendt zur Anwendung bringt. Diese Prämisse bestimmt den Charakter der Aussage. Andere Theoretiker und andere Machtkonzepte könnten den Umstand bedingen, dass sie aufgrund ihres Wesens auf die betrachteten Beispiele nicht angewendet werden könnten. Somit wäre die eben getroffene Aussage, ohne die getätigte Einschränkung, eine schlichtweg falsche. Das bedeutet, dass das so definitiv klingende ,Ja' zum vorhandenen Machtverhältnis nicht als universelle Antwort begriffen werden kann und darf. Somit kann auf die Fragestellung dieser

---

[28] Eine dritte Möglichkeit besteht natürlich auch darin, dass die Autoren und ihre Theorien entsprechend der vorliegenden Beispiele ausgewählt wurden, bzw. reziprok, die Beispiele den Theorien angepasst wurden. Dies war nicht der Fall. Die Beispielfälle waren bereits vor der endgültigen Auswahl der zu verwendenden Theorien rekonstruiert. In diesem Sinne war es eine Art ,Roulette', ob wünschenswerte Ergebnisse bei der Analyse herauskommen. Interessanterweise ist genau dieser Fall eingetreten.

Arbeit keine allgemeingültige Antwort gegeben werden, sondern nur im Rahmen dieser Ausarbeitung und der verwendeten Autoren. Gerade weil es so viele Machttheorien und – konzepte gibt, drängt sich der Schluss auf, dass eine verallgemeinerte Antwort grundsätzlich nicht gegeben werden kann. Vielmehr liegt es im Auge des individuellen Betrachters, welche Prämissen er als Grundlage wählt und was für ihn Macht bedeutet und ausmacht.

Bleiben wir in dem beschriebenen Umfeld dieser Ausarbeitung, stellt sich noch die Frage nach der Struktur des Machtverhältnisses. Im Einzelnen wurde darauf während der Analyse eingegangen. Dennoch lassen sich dahingehend einige Aussagen treffen, die als allgemeingültige Beschreibung (im Rahmen der vorliegenden Arbeit) betrachtet werden können. So besitzen die Dozenten in allen vorliegenden Fällen von vornherein ein höheres Machtpotenzial als die Studierenden. Grund dafür ist, mit welcher Terminologie man es auch immer betrachtet, dass die Studierenden in einer untergeordneten Position sind, in einem Verhältnis aus Lehrendem und Lernenden. Dieses muss per se keine Dysbalance aufweisen, dennoch ist dies und das hat die Analyse gezeigt, oftmals der Fall.[29] Neben der vorteilhaften Lage der Studierenden ist ein weiterer auffälliger und strukturierender Moment, der Versuch der Machtausübung durch die Studierenden. Dabei konnte deutlich herausgearbeitet werden, dass diesen Instrumente und Ressourcen zur Verfügung stehen, die ‚machtvoll' sein können, genauso wie ‚machtlos'. Das hängt oftmals von der Haltung und der Reaktion des Dozenten ab, wie diese Mittel zur Geltung kommen und ob sie ihre Wirkung entfalten können. Ein weiterer Aspekt die Struktur der Macht zwischen Studenten und Dozenten betreffend, ist der klare und deutliche Charakter der sozialen Beziehung, Gemeinschaft oder auch Gruppe. Ohne dieses Verhältnis ist Macht nicht denkbar und in diesem Zustand kommt sie und das gilt speziell für die Beispiele, zur Geltung. In den Interaktionen und Handlungen, genauso wie Kommunikationen der Beteiligten liegen die Machtpotenziale verborgen und nur dort können sie sich auch entfalten.

Damit ist ein Machtverhältnis zwischen Dozenten und Studenten in existenzieller und struktureller Hinsicht und nur bezogen auf die vorliegende Ausarbeitung, bewiesen.

Die Arbeit hat aber neben der Beantwortung der Frage noch einen weiteren Erkenntnishorizont. In der Analyse der Fälle und Erarbeitung der Machtverhältnisse, darf nicht die Grundlage der Beispiele vergessen werden. Diese bestand nämlich in Problemen, Vorkommnissen und Auseinandersetzungen zwischen den Studierenden und den Dozenten.

---

[29] Grund dafür ist, dass die Dozenten bereits über mehr Machtressourcen, Machtmittel, Ressourcen und Machtinstrumente verfügen, als die Studierenden. Diese streben danach, sich eben diese an der Universität anzueignen.

Für Probleme kann es Lösungen geben. Auch wenn die Anforderung an die Ausarbeitung kein Konzept zur Überwindung von Problemen zwischen Studierenden und Dozenten war, so lassen sich doch einige Rückschlüsse auf genau diese Tatsache ausmachen. Bekanntlicherweise löst reden ja Probleme. Die Beispiele haben gezeigt, dass oftmals alles reden nichts genutzt hat und sich die Lage entweder verschlimmert oder nur noch umso fester gefahren hat. Wichtiger ist es, wie miteinander geredet wird. Besonders das erste und das letzte Beispiel haben gezeigt, dass darum gehe wie die Kommunikation abläuft. Respektloses Verhalten ist demnach nicht förderlich für die Erreichung der eigenen Ziele. Das gilt mitnichten nur für die Studierenden, sondern explizit für beide Seiten. Es kommt also darauf an, wie miteinander umgegangen wird. Neben diesen, durchaus als negativ belastet zu beschreibenden, Beispielen, gibt es genauso eine Vielzahl positiver Begebenheiten, wie ein für beide Seiten optimaler Umgang miteinander aussehen kann. Dabei kommt es darauf an, dass der Student bereit dazu ist, sich einem gewissen Machtpotenzial zu unterwerfen, seien es Klausuren oder die Aufforderung der Vorlesung 90 Minuten zu Folgen, ohne die anderen Studierenden zu stören. Auf Seiten der Dozenten verlangt es Einsicht und Nachsicht für die studentische Denkweise und oftmals auch Rücksicht. Daneben ist es wichtig, dass beide Seiten gemeinsam an einem Strang ziehen, um das bestmögliche Ergebnis zu erreichen. Das beinhaltet die Integration der Studierenden in planerische und organisatorische Prozesse bezüglich der Seminar- und Vorlesungsgestaltung, genauso wie die aktive Teilnahme der Studierenden und das Interesse an eben jenen Vorgängen und vor allem den Seminaren und Vorlesungen.

Solche Hinweise liefern keine Garantie auf Erfolg, sondern sind die unmittelbare Konsequenz, praktisch also ein Derivat, der Beschäftigung mit der Thematik der Macht im Verhältnis zwischen Studierenden und Dozenten.

Literaturverzeichnis

Arendt, H. (2000). *Macht und Gewalt* (14. Ausg.). München: Piper.

Baecker, D. (2008). *Niklas Luhmann. Einführung in die Systemtheorie* (4. Ausg.). Heidelberg: Carl-Auer.

Baumgart, R., & Eichener, V. (1991). *Norbert Elias zur Einführung*. Hamburg: Junius.

Baumgart, R., & Eichener, V. (1991). *Norbert Elias zur Einführung*. Hamburg: Junius.

Becker, A., Brauner, E., & Duschek, S. (2006). Transaktives Wissen, Kompetenzen und Wettbewerbsvorteile: Der Akteur als strategischer Faktor. In G. Schreyögg, & P. Conrad, *Management von Kompetenz* (S. 201-230). Wiesbaden: Gabler.

Becker, M. (2012). Die Eigensinnigkeit des Politischen - Hannah Arendt und Jürgen Habermas über Macht und Herrschaft. In P. Imbusch, *Macht und Herrschaft. Sozialwissenschaftliche Theorien und Konzeptionen* (2., aktualisierte und erweiterte Ausg., S. 217-246). Wiesbaden: Springer VS.

Boehm, L., Müller, R. A., & al., e. (1983). *Universitäten und Hochschulen in Deutschland, Österreich und der Schweiz. Eine Universitätsgeschichte in Einzeldarstellungen*. Düsseldorf; Wien: ECON.

Bohn, C., & Hahn, A. (2000). *Klassiker der Soziologie. Von Talcott Parsons bis Pierre Bourdieu* (2., durchgesehene Ausg., Bd. II). München: Verlag C.H.Beck.

Breier, K.-H. (2001). *Hannah Arendt zur Einführung* (2., überarbeitete Ausg.). Hamburg: Junius.

Breithaupt, F. (2013). Mein Streik gegen mich selbst. *Zeit Campus* (4 Juli/August), 14.

Brodocz, A. (2012). *Mächtige Kommunikation - Zum Machtbegriff von Niklas Luhmann* (2., aktualisierte und erweiterte Ausg.). Wiesbaden: Springer VS.

Bublitz, H. (2001). Archäologie und Genealogie. In M. S. Kleiner, *Michel Foucault. Eine Einführung in sein Denken* (S. 27-39). Frankfurt am Main: Campus.

Bublitz, H. (2001). Archäologie und Genealogie. In M. S. Kleiner, *Michel Foucault. Eine Einführung in sein Denken*. Frankfurt am Main: Campus Verlag.

Deleuze, G. (1992). *Foucault*. Frankfurt am Main: Suhrkamp.

Finkenstaedt, T. (2010). Die Universitätslehrer. In W. Rüegg, *Geschichte der Universität in Europa* (Bd. IV, S. 153-190). München: C.H.Beck.

Fitzi, G. (2008). *Max Weber*. Frankfurt am Main: Campus Verlag.

Fröhlich, G., & Rehbein, B. (2009). *Bourdieu-Handbuch. Leben - Werk - Wirkung*. Stuttgart. Weimar: Verlag J.B.Metzler.

Frei, N. (2008). *Jugendrevolte und globaler Protest 1968.* Bonn: bpb.

Gevers, L., & Vos, L. (2004). Studentische Bewegungen. In W. Rüegg, *Geschichte der Universität in Europa* (Bd. III, S. 227-300). München: C.H.Beck.

Hübenthal, C. (2005). Macht. Typologische und legitimationstheoretische Anmerkungen. In W. Veith, & C. Hübenthal, *Macht und Ohnmacht. Konzeptionelle und kontextuelle Erkundungen* (S. 35-50). Münster: Aschendorff.

Hübenthal, C., & Veith, W. (2005). Zur Einführung. In W. Veith, & C. Hübenthal, *Macht und Ohnmacht. Konzeptionelle und kontextuelle Erkundungen* (S. 9-20). Münster: Aschendorff.

Halsey, A. H. (2010). Der Zugang zur Universität. In W. Rüegg, *Geschichte der Universität in Europa* (Bd. IV, S. 191-217). München: C.H.Beck.

Han, B.-C. (2005). *Was ist Macht?* Stuttgart: Reclam
.
Hanke , E. (2005). *Max Weber. Wirtschaft und Gesellschaft. Die Wirtschaft und die gesellschaftlichen Ordnungen und Mächte. Nachlaß.* Tübingen: J.C.B. Mohr.

Imbusch, P. (2012). *Macht und Herrschaft. Sozialwissenschaftliche Theorien und Konzeptionen* (2., aktualisierte und erweiterte Ausg.). Wiesbaden: Springer VS.

Imbusch, P. (2012). Machtfigurationen und Herrschaftsprozesse bei Norbert Elias. In P. Imbusch, *Macht und Herrschaft. Sozialwissenschaftliche Theorien und Konzeptionen* (2., aktualisierte und erweiterte Ausg., S. 169-194). Wiesbaden: Springer VS.

Kaesler, D. (2003). *Max Weber. Eine Einführung in Leben, Werk und Wirkung* (3., aktualisierte Ausg.). Frankfurt am Main: Campus Verlag.

Kaven, C. (2006). *Sozialer Wandel und Macht. Die theoretischen Ansätze von Max Weber, Norbert Elias und Michel Foucault im Vergleich.* Marburg: Metropolis.

Klinge, M. (2004). Die Unversitätslehrer. In W. Rüegg, *Geschichte der Universität in Europa* (Bd. III, S. 113-144). München: C.H.Beck.

Kneer, G. (2012). Die Analytik der Macht bei Michel Foucault. In P. Imbusch, *Macht und Herrschaft. Sozialwissenschaftliche Theorien und Konzeptionen* (2., aktualisierte und erweiterte Ausg., S. 265-284). Wiesbaden: Springer VS.

Koch, H.-A. (2008). *Die Universität. Geschichte einer europäischen Institution.* Darmstadt: WBG.

Landfried, K. (2011). Auf der Suche nach Spitzenpersonal für den Hochschulsektor. In D. Hofmann, & R. Steppan, *Headhunter. Blick hinter die Kulissen einer verschwiegenen Branche* (S. 102-110). Wiesbaden: Gabler.

Luhmann, N. (1986). *Ökologische Kommunikation. Kann die moderne gesellschaft sich auf ökologische Gefährdungen einstellen?* Opladen: Westdeutscher Verlag.

Luhmann, N. (1998). *Die Gesellschaft der Gesellschaft.* Frankfurt am Main: Suhrkamp.

Luhmann, N. (2012a). *Macht* (4. Ausg.). Konstanz und München: UVK.

Luhmann, N. (2012b). *Macht im System.* (A. Kieserling, Hrsg.) Berlin: Suhrkamp.

Müller, R. A. (1990). *Geschichte der Universität. Von der mittelalterlichen Universitas zur deutschen Hochschule.* München: Callwey.

Müller, R. A. (1996). Studentenkultur und akademischer Alltag. In W. Rüegg, *Geschichte der Universität in Europa* (Bd. II, S. 263-286). München: C.H.Beck.

Neuenhaus-Luciano, P. (2012). Amorphe Macht und Herrschaftsgehäuse - Max Weber. In P. Imbusch, *Macht und Herrschaft. Sozialwissenschaftliche Theorien und Konzeptionen* (2., aktualisierte und erweiterte Ausg., S. 97-114). Wiesbaden: Springer VS.

Pfadenhauer, M. (2003). *Professionalität. Eine wissenssoziologische Rekonstruktion institutionalisierter Kompetenzdarstellungskompetenz.* Opladen: Leske + Budrich.

Popitz, H. (1992). *Phänomene der Macht* (2., stark erweiterte Ausg.). Tübingen: J.C.B. Mohr.

Reemtsma, J. P. (2007). Transformationen der Macht. In B. Simon, *Macht. Zwischen aktiver Gestaltung und Missbrauch* (S. 67-82). Göttingen, et. al.: Hogrefe.

Reese-Schäfer, W. (2005). *Niklas Luhmann zur Einführung* (5., ergänzte Ausg.). Hamburg: Junius.

Ringer, F. (2004). Die Zulassung zur Universität. In W. Rüegg, *Geschichte der Universität in Europa* (Bd. III, S. 199-226). München: C.H.Beck.

Rosa, H. (2005). *Beschleunigung. Die Veränderung der Zeitstrukturen in der Moderne.* Frankfurt am Main: Suhrkamp.

Roth, R. (2013). Autorität und Unterwerfung. In A. Scherr, *Soziologische Basics. Eine Einführung für pädagogische und soziale Berufe* (2., erweiterte und aktualisierte Ausg., S. 25-32). Wiesbaden: Springer VS.

Ruffing, R. (2010). *Michel Foucault* (2., durchgesehene Ausg.). Paderborn: W. Fink.

Sarasin, P. (2006). *Michel Foucault zur Einführung* (2., überarbeitete Ausg.). Hamburg: Junius.

Schubert, K., & Klein, M. (2011). *Das Politiklexikon. Begriffe, Fakten, Zusammenhänge* . Bonn: Dietz.

Schwingel, M. (1995). *Pierre Bourdieu zur Einführung* (4., verb. Ausg.). Hamburg: Junius.

Schwinges, R. C. (1993). Der Student in der Universität. In W. Rüegg, *Geschichte der Universität in Europa* (Bd. I, S. 181-226). München: C.H.Beck.

Seier, A. (2001). Macht. In M. S. Kleiner, *Micher Foucault. Eine Einführung in sein Denken* (S. 90-107). Frankfurt am Main: Campus.

Smart, B. (1985). *Michel Foucault*. Chichester: Ellis Horwood Limited.

Taureck, B. H. (1997). *Michel Foucault*. Hamburg: Rowohlt.

Treiber, H. (2007). Macht - ein soziologischer Grundbegriff. In P. Gostmann, & P.-U. Merz-Benz, *Macht und Herrschaft. Zur Revision zweier soziologischer Grundbegriffe* (S. 49-62). Wiesbaden: VS Verlag für Sozialwissenschaften.

Vandermeersch, P. A. (1996). Die Universitätslehrer. In W. Rüegg, *Geschichte der Universität in Europa* (Bd. II, S. 181-212). München: C.H.Beck.

Verger, J. (1993). Die Universitätslehrer. In W. Rüegg, *Geschichte der Universität in Europa* (Bd. I, S. 139-160). München: C.H.Beck.

Verger, J. (1993). Grundlagen. In W. Rüegg, *Geschichte der Universität in Europa* (Bd. I, S. 49-82). München: C.H.Beck.

von Schroeders, A. (2007). *Student und Soldat. Das Studium zwischen Dienstpflicht und akademischer Freiheit an den Universitäten der Bundeswehr*. Baden-Baden: Nomos.

Weber, M. (1984). *Soziologische Grundbegriffe* (6., erneut durchgesehene Ausg.). Tübingen: J.C.B. Mohr.

Weber, W. E. (2002). *Geschichte der europäischen Universität*. Stuttgart: Kohlhammer.

Witte, E. H., & van Quaquebeke, N. (2007). Sozialpsychologische Theorien zur sozialen Macht. In B. Simon, *Macht. Zwischen aktiver Gestaltung und Missbrauch* (S. 11-26). Göttingen, et. al.: Hogrefe.

Internetquellenverzeichnis

Aprea, C. (Juni 2011). *Ausgestaltung lernfeldstrukturierter Curricula als Aufgabe für die Lehrerbildung*. Abgerufen am 1. Juli 2013 von bwp@. Berufs- und Wirtschaftspädagogik - online: http://www.bwpat.de/content/ausgabe/20/aprea/

Bender, J. (7. September 2009). *Woran kann ich noch glauben?* Abgerufen am 26. Juli 2013 von Zeit Online: http://www.zeit.de/campus/2009/04/Glauben

Bonk, R. (4. Februar 2013). *Belastungsstörungen: Stand und Maßnahmen*. Abgerufen am 6. Juni 2013 von bundeswehr.de:
http://www.bundeswehr.de/portal/a/bwde/!ut/p/c4/FcfBCYAwDEDRWVwguXtzC_VSUhtq0MZCogWnt_J5h48r9pQeyeRyKZ0447LJGBvElhhY1Ij9ZageLfzrwhnMSVO4u0JmSnthxXp MwwdNOH_S/

Brunkhorst, H. (Mai 2007). *Macht und Verfassung im Werk Hannah Arendts*. Abgerufen am 30. Juli 2013 von HannahArendt.net:
http://www.hannaharendt.net/index.php/han/article/view/110/186#ftn1

cht/jol, dpa. (19. März 2009). *Gute Noten für Sex: Professor zu zehn Monaten auf Bewährung verurteilt.* Abgerufen am 28. Juli 2013 von Spiegel Online: http://www.spiegel.de/unispiegel/studium/gute-noten-fuer-sex-professor-zu-zehn-monaten-auf-bewaehrung-verurteilt-a-614262.html

Dahlkamp , J., Popp, M., & Verbeet, M. (11. Oktober 2010). *Gespaltene Persönlichkeit.* Abgerufen am 22. Juli 2013 von Spiegel Online: www.spiegel.de/spiegel/print/d-74184470.html

Detel, W. (2006). *Foucault und die klassische Antike. Macht, Moral, Wissen* (2. Ausg.). Frankfurt am Main: Suhrkamp.

Duden. (2013). *Macht, die.* Abgerufen am 2. August 2013 von duden.de: http://www.duden.de/rechtschreibung/Macht

Elias, N. (1. Februar 1989). *Der charismatische Herrscher.* Abgerufen am 30. Juli 2013 von Der Spiegel: http://www.spiegel.de/spiegel/spiegelspecial/d-52322556.html

Ertel, M. (4. Oktober 2002). *Finnland: "Jeder ist gut in irgendwas" .* Abgerufen am 27. Juli 2013 von Spiegel Online: http://www.spiegel.de/spiegel/a-211325.html

European Ministers of Education. (19. Juni 1999). *The Bologna Declaration of 19 June 1999.* Abgerufen am 6. Juni 2013 von ond.vlaanderen.be: http://www.ond.vlaanderen.be/hogeronderwijs/bologna/documents/MDC/BOLOGNA_DECL ARATION1.pdf

fernuni-hagen.de. (2013). *Der Intensivkurs „Betriebswirtschaftslehre und betriebliches Management".* Abgerufen am 6. Juni 2013 von Institut für Wirtschaftswissenschaftliche Forschung und Weiterbildung GmbH: http://www.fernuni-hagen.de/IWW/studiengaenge/intensivkurs-betriebswirtschaftlehre-und-betriebliches-management.html

fh-aachen.de. (2012). *Grundlagen des Forschungsverständnisses.* Abgerufen am 29. Juli 2013 von FH Aachen. University of Applied Sciences: http://www.fh-aachen.de/fachbereiche/wirtschaft/forschung/grundlagen-des-forschungsverstaendnisses/

Holzmüller, M. (17. Mai 2010). *Hörsaal? Besetzt!* Abgerufen am 29. Juli 2013 von Süddeutsche.de: http://www.sueddeutsche.de/karriere/studentenproteste-in-deutschland-hoersaal-besetzt-1.139043

HSU. (12. September 2012a). *Allgemeine Prüfungsordnung.* Abgerufen am 27. Juli 2013 von hsu-hh.de: http://www2.hsu-hh.de/asv/PO-FSPO/Allgemeine-Pruefungsordnung-veroeffentlichte-Fassung.pdf

HSU. (1. Oktober 2012b). *Fachspezifische Studien- und Prüfungsordnung.* Abgerufen am 27. Juli 2013 von hsu-hh.de: http://www2.hsu-hh.de/asv/PO-FSPO/FSPO-BuErz-30-10-2012.pdf

HSU. (8. Dezember 2011). *Ordnung für die Durchführung von Lehrveranstaltungsevaluationen.* Abgerufen am 29. Juli 2013 von hsu-hh.de: http://www2.hsu-hh.de/asv/Rahmenbestimmungen-Ordnungen-Richtlinien/Evaluationsordnung.pdf

HSU/UniBwH. (7. Oktober 1993). *Rahmenbestimmungen für Struktur und Organisation der Universität der Bundeswehr Hamburg.* Abgerufen am 5. Juni 2013 von Senatssekretariat/Akademische Selbstverwaltung: http://www2.hsu-hh.de/asv/Rahmenbestimmungen-Ordnungen-Richtlinien/Rahmenbestimmungen.pdf

Kühn, R. (23. November 2009). *"Sollzustand" statt Realität.* Abgerufen am 30. Juli 2013 von Deutschlandfunk: http://www.dradio.de/dlf/sendungen/andruck/1074966/

Kaufmann, M. (26. Juni 2007). *Der Verführer von Köpenick.* Abgerufen am 29. Juli 2013 von manager magazin online: http://www.manager-magazin.de/unternehmen/karriere/a-490486.html

Kempen, B. (5. Mai 2011). *In der Freiheit liegt eine phantastische Chance.* Abgerufen am 29. Juli 2013 von Forschung & Lehre: http://www.forschung-und-lehre.de/wordpress/?p=7678

meinprof.de. (2013). *MeinProf.de - Lehrevaluation Online.* Abgerufen am 29. Juli 2013 von meinprof.de: http://www.meinprof.de

Mohaupt, D. (16. Juli 2013). *Eingriff in die Freiheit der Wissenschaft.* Abgerufen am 29. Juli 2013 von dradio.de: http://www.dradio.de/dlf/sendungen/campus/2180062/

Osel, J. (3. Januar 2013). *Zu viele Studenten, zu wenige Professoren.* Abgerufen am 27. Juli 2013 von Zeit Online: http://www.sueddeutsche.de/bildung/ansturm-auf-die-universitaeten-zu-viele-studenten-zu-wenige-professoren-1.1563536

otr/dpa. (12. November 2012). *Lasche Zensuren: Wissenschaftsrat fordert Ende der Kuschelnoten.* Abgerufen am 28. Juli 2013 von Spiegel Online: http://www.spiegel.de/unispiegel/studium/wissenschaftsrat-will-einheitliche-standards-bei-notenvergabe-a-866746.html

ott/ddp/dpa. (24. November 2009). *Rektoren räumen Fehler ein.* Abgerufen am 29. Juli 2013 von Focus Online: http://www.focus.de/politik/deutschland/studentenproteste-rektoren-raeumen-fehler-ein_aid_456864.html

Rastelli, S. (20. Oktober 2008). *Die Soziologische Systemtheorie von Niklas Luhmann - ein Überblick.* Abgerufen am 31. Juli 2013 von NDR.de: http://www.ndr.de/geschichte/koepfe/luhmann132.html

Schneider, P. (23. April 2013). *Lernen ohne Notendruck.* Abgerufen am 27. Juli 2013 von Süddeutsche.de: http://www.sueddeutsche.de/muenchen/wolfratshausen/montessori-schule-lernen-ohne-notendruck-1.1657081

Scholl, W. (2007). Das Janus-Gesicht der Macht: Persönliche und gesellschaftliche Konsequenzen Rücksicht nehmender versus rücksichtsloser Einwirkung auf andere. In B. Simon, *Macht. Zwischen aktiver Gestaltung und Missbrauch* (S. 27-46). Göttingen, et. al.: Hogrefe.

Seifert, L. (27. April 2013). *Die Noten-Lüge.* Abgerufen am 27. Juli 2013 von Zeit Online: http://www.zeit.de/campus/2013/02/notenvergabe-hochschulen-ungerechtigkeit

Statistisches Bundesamt. (26. März 2013). *Bildung und Kultur. Studierende an Hochschulen.* Abgerufen am 25. Juli 2013 von destatis.de: https://www.destatis.de/DE/Publikationen/Thematisch/BildungForschungKultur/Hochschulen /StudierendeHochschulenVorb2110410138004.pdf?__blob=publicationFile

Strey, D. (August 2012). *Bildungs- und Erziehungswissenschaft.* (H. S.-U. Hamburg, Hrsg.) Abgerufen am 6. Juni 2013 von hsu-hh.de: http://www.hsu-hh.de/hsu/index_1vhDoag5kqPo1QRV.html

Studentischer Konvent. (6. Juni 2013a). *Geschäftsordnung für den Studentischen Konvent.* Abgerufen am 29. Juli 2013 von Satzung/Geschäftsordnung: http://www.hsu-hh.de/download-1.4.1.php?brick_id=sJzxxI9qw9gGaDgl

Studentischer Konvent. (6. Juni 2013b). *Satzung für den Studentischen Konvent.* Abgerufen am 29. Juli 2013 von Satzung/Geschäftsordnung: http://www.hsu-hh.de/download-1.4.1.php?brick_id=DWJRbajpMmCDIY1s

van Laak, C. (27. März 2009). *Per Gericht zum Master.* Abgerufen am 29. Juli 2013 von Deutschlandfunk: http://www.dradio.de/dkultur/sendungen/thema/941203/

Wagner, G. (21. April 2012). *In beiderseitigem Einvernehmen.* Abgerufen am 27. Juli 2013 von FAZ.NET: http://www.faz.net/aktuell/beruf-chance/campus/notenvergabe-in-beiderseitigem-einvernehmen-11721018.html

Anhang

Abbildungsverzeichnis

Abbildung 1:

Witte, E. H., & van Quaquebeke, N. (2007). Sozialpsychologische Theorien zur sozialen Macht. In B. Simon, *Macht. Zwischen aktiver Gestaltung und Missbrauch* (S. 11-26). Göttingen, et. al.: Hogrefe. S. 13.

Abbildung 2:

Kaven, C. (2006). *Sozialer Wandel und Macht. Die theoretischen Ansätze von Max Weber, Norbert Elias und Michel Foucault im Vergleich.* Marburg: Metropolis. S. 44.

Abbildung 3:

Ringer, F. (2004). Die Zulassung zur Universität. In W. Rüegg, *Geschichte der Universität in Europa* (Bd. III, S. 199-226). München: C.H.Beck. S. 219.

Abbildung 4:

Halsey, A. H. (2010). Der Zugang zur Universität. In W. Rüegg, *Geschichte der Universität in Europa* (Bd. IV, S. 191-217). München: C.H.Beck. S. 191.